Julius Aronius

Diplomatische Studien über die älteren angelsächsischen Urkunden

Inaugural-dissertation

Julius Aronius

Diplomatische Studien über die älteren angelsächsischen Urkunden
Inaugural-dissertation

ISBN/EAN: 9783743483019

Hergestellt in Europa, USA, Kanada, Australien, Japan

Cover: Foto ©ninafisch / pixelio.de

Manufactured and distributed by brebook publishing software (www.brebook.com)

Julius Aronius

Diplomatische Studien über die älteren angelsächsischen Urkunden

Diplomatische Studien über die älteren angelsächsischen Urkunden.

Inaugural - Dissertation
zur
Erlangung der Doctorwürde
von der
philosophischen Facultät der Albertus-Universität
zu Königsberg in Pr.
genehmigt und mit den angehängten Thesen am
23. Juli 1883
öffentlich verteidigt von
Julius Aronius
aus Rastenburg.

Opponenten:
Albert Jacoby, cand. iur.
Max Harwardt, cand. phil.

Königsberg in Pr.
H. Suter's Buchdruckerei.

Meinen lieben Eltern.

Einleitung.

I. Plan der Untersuchung.

Die folgenden Untersuchungen beschäftigen sich mit den angelsächsischen Urkunden aus der Zeit bs zum Tode Ekberts von Wessex (839).

Unter Urkunden verstehe ich „schriftliche, in entsprechende Form gekleidete, Aeusserungen über Gegenstände rechtlicher Natur[1]). Die angelsächsischen Urkunden gehören zum grössten Teile in die Kategorie der sogenannten Landbücher, sie behandeln Uebertragungen von Grundbesitz und verdanken ihre Entstehung den den Angelsachsen eigentümlichen Formen der Grundbesitzübertragung[2]). Dann finden wir einige Privilegien, wie Erlass von Abgaben, Uebertragung von Zöllen und Fischereigerechtigkeiten, und damit ist der Inhalt der eigentlichen Urkunden erschöpft. Fälschungen bieten noch Privilegien die freie Abtswahl etc. betreffend[3]), sowie einige Mundeburde[4]). Dass es auch echte Exemtionsprivilegien gegeben hat ist nicht zu bezweifeln, echte Mundeburde aber hat es nicht gegeben, denn der besondere Königsschutz ist

---
[1]) Sickel: Urkunden der Karolinger I, 2.
[2]) Vergl. darüber Kemble: Die Sachsen in England I, 247ff. (the Saxons in England. Deutsch von Brandes 1853. Die neue Ausgabe des englischen Textes, von Gray-Birch 1876 besorgt, war mir nicht zugänglich) und K. Maurer in der „Kritischen Ueberschau über die gesammte Rechtswissenschaft" I, 107.
[3]) Kemble: codex dipl. aevi Saxon. nr. *5, *38, *54.
[4]) Das. nr. *163, *192.

der angelsächsischen Verfassung in der älteren Zeit und namentlich in dieser Art nicht bekannt[1]).

Ausserdem haben wir einige Gerichtsurkunden und Protocolle von Reichstagen und Synoden. Dieselben haben gewisse Formeln, die wir regelmässig in ihnen finden, wie Datirung und Comminatio, mit den eigentlichen Urkunden gemein. Auch sie sind daher für die Diplomatik von Wichtigkeit und werden deshalb auch schon bei den folgenden Untersuchungen berücksichtigt werden müssen.

Diese Untersuchungen sollen sich auf die Momente erstrecken, welche bei einer vollständigen Diplomatik die Einleitung bilden würden, und die zugleich als eine Entstehungsgeschichte der Urkunden bezeichnet werden könnten, das Wort rein diplomatisch verstanden. Dabei ist zunächst von den Schreibern, und im Anschluss daran von den Zeugen zu handeln; es folgt die Besprechung der in den Urkunden erwähnten Verhandlungen, die zur Ausstellung der Urkunde führten, wie Petition, Intervention, Consense, und den Schluss macht die Erörterung einiger Aeusserlichkeiten.

In diesem Zusammenhange wäre auch auf die Vorlagen der Urkunden, insbesondere die Formelbücher, einzugehen, doch habe ich hier darauf verzichten müssen. Formelbücher der Angelsachsen sind nicht erhalten, sie müssen aus den Urkunden wieder hergestellt werden und die Untersuchung darüber kann daher erst nach einer Besprechung der einzelnen Formeln vorgenommen werden.

II. Kemble's Ausgabe der Urkunden.

Die Urkunden der Angelsachsen sind von Kemble

---

[1]) Vergl. Schmid: Die Gesetze der Angelsachsen, 2. Aufl. 1858, Glossar, u. „Frieden".

in dem leider nicht ganz vollendeten codex diplomaticus aevi Saxonici[1]) gesammelt worden. Da die folgenden Untersuchungen auf diesem Werke beruhen, so ist es unerlässlich, einige Bemerkungen über die Beschaffenheit desselben vorauszuschicken.

Von Aeusserlichkeiten will ich nur hervorheben, dass Kemble die Urkunden, welche er für unecht, und diejenigen, welche er nur für verdächtig hält, auf die gleiche Art — durch ein Sternchen * — bezeichnet hat, so dass man nicht genau weiss, wie er sich zu den betreffenden Urkunden stellt.

Die Gründe, aus denen er eine Urkunde verwirft, giebt er fast nie an. Er hat freilich in der Einleitung zum cod. dipl. einzelne Kennzeichen der Unechtheit angegeben[2]), aber diese Angaben gewähren nur selten die Möglichkeit, seine Beurteilung der einzelnen Urkunden zu controliren. Giebt dann Kemble einmal die Gründe an, so zeigt sich, dass er nicht immer vorsichtig genug gewesen ist. So verwirft er z. B. eine Urkunde, weil sie von dem Nachfolger desjenigen Königs unterschrieben ist, dessen Consens im Text erwähnt wird[3]) — ein Grund, den doch auch schon Kemble nicht hätte gelten lassen sollen. Ein anderes Mal hat er es denn auch wirklich nicht gethan[4]).

Bedenklicher ist der Umstand, dass er unterlassen hat, sich über die Beschaffenheit der handschriftlichen Ueberlieferung zu äussern, man erfährt nicht einmal, ob eine Urkunde im Original vorliegt oder nicht. Diesen Mangel hat zwar Kemble selbst noch bemerkt, denn er hat dem letzten Bande des

---

[1]) 6 Bände, London 1839 — 48.
[2]) c. d. I. introd. pag. X, XIX, LI etc.
[3]) c. d. nr. *28.   [4]) c. d. 52.

cod. dipl. ein Verzeichniss des benutzten Materials mit kurzen Anmerkungen beigegeben. Aber diese Noten finden sich nur bei einigen Manuscripten, die vielfach benutzten zahlreichen Cartulare z. B. werden nur einfach in dem Verzeichniss aufgeführt. Und grade hier wäre eine eingehende Prüfung der Zuverlässigkeit nötig gewesen, denn es liegt die Annahme nahe, dass die Verfasser der Cartularin die Urkunden durch Kürzungen verstümmelt haben. So hat z. B. eine Urkunde, die Kemble nach dem Cartular von Worcester druckt[1]), in einer andern Ueberlieferung[2]) hinter den bei Kemble negebenen Zeugennamen noch die folgenden: + ego Aldred regulus consensi et subscripsi. + ego Milred episcopus consensi et subscripsi. + ego Tilbere abbas consensi et subscripsi. + ego Cusa abbas consensi et subscripsi. + signum manus Acan. + signum manus Dilcan. + signum manus Bobban. + signum manus Bynnan + signum manus Berhtuuald. + signum manus Alberhti abbatis.

Ausserdem hat sich Kemble in den meisten der erwähnten Anmerkungen auf ganz allgemeine Angaben beschränkt. Er sagt nur, dass ein Codex, in dem oft viele Urkunden gesammelt sind, gut oder schlecht sei, aber dieses Urteil soll keineswegs für alle Bestandteile des Codex gelten, wie sich aus folgendem Beispiel ergiebt. Ms. Cott. Augustus II. ist nach Kemble „eine unschätzbare Sammlung von autographen und originalen Urkunden", aber darunter befinden sich c. d. *18, *144, *177, *984, die Kemble besternt hat und von denen c. d. *18 und *984 sehr unge-

---

[1]) c. d. 105.
[2]) Facsimiles of Ancient Manuscripts. (Palaeographical Society) Bl. 10.

schickte Fälschungen sind. Für die Betrachtung der
einzelnen Urkunden sind daher Kemble's Noten ohne
Nutzen, und wenn er bei denjenigen Urkunden, welche
in mehreren Manuscripten vorliegen, durch die Reihenfolge, in welcher er diese aufführt, Andeutungen über
ihren Wert machen will[1]), so wissen wir nicht, weshalb das eine Manuscript für besser gilt als das
andere.

Seinen Text stellt Kemble so her, dass er vornehmlich das erste Manuscript benutzt und etwa
fehlende Stellen aus den anderen herübernimmt[2]). Aber
er hat sich dabei nicht immer auf Ergänzung un-
leserlicher oder verstümmelter Stellen beschränkt,
sondern auch Sätze aus den andern Manuscripten
aufgenommen, die in dem ersten gar nicht vorhanden
sind, so dass er nicht den handschriftlich am besten
beglaubigten, sondern den ausführlichsten Text giebt[3]).
Die Zurücksetzung des ersten Ms., die sich hierin
zeigt, geht in anderen Fällen so weit, dass dasselbe
garnicht benutzt wird. Die Vergleichung des ersten
Ms. von c. d. 87[4]) mit Kemble's Druck zeigt dies
sehr deutlich schon in folgender kleinen Probe.

Kemble	Das erste Ms.
+ Anno dominicae incarnationis .... regni vero aethilbaldi regis merciorum congregatum est magnum concilium apud clovesho.	+ regnante in perpetuum deo et domino nostro ihesu christo, anno vero dominicæ incarnationis .... et regni aedhelbaldi synodus congregatum fuerat in loco ce[leb]ri ubi nominatur clofeshos.

---

[1]) C. d. introd. p. CXV.
[2]) S. a. a. O.
[3]) Z. B. c d. *142, wo ein ganz unmögliches Privileg aus dem 2. Ms. herübergenommen ist.
[4]) Facsimile in: Facsimiles of Anglo-Saxon Ms. photozincographed etc. by J. Cameron, Part. I 1878, Taf. I.

In dieser Art geht es weiter, und zwar zum Nachteil des Kemble'schen Druckes, denn hier fehlen wichtige Dinge, wie die Intervention Aethelberts von Kent[1]), und es finden sich unverständliche Worte, wo das erste Ms. einen guten Text bietet, z. B. his familia anstatt his similia.

Ein weiteres Beispiel ist c. d. 240[2]). Kemble's Druck unterscheidet sich von dem ersten Ms. dadurch, dass bei Kemble fast sämmtliche Abkürzungen des letzteren aufgelöst und dafür solche an Stellen eingeschoben sind, wo sie jenes Manuscript nicht zeigt. Dieser Unterschied ist doch zu eigentümlich, als dass ich ihn nicht lieber auf einen auf seine Kenntnis der Schreibkunst eitlen Copisten des Mittelalters als auf Kemble zurückführen und daher annehmen sollte, dass dieser wesentlich nicht sein erstes Ms. benutzt hat.

Die erwähnten Abweichungen sind nicht unbedeutend, aber dennoch hat Kemble nicht darauf aufmerksam gemacht, wie er denn überhaupt Lesarten fast nur mitteilt, wenn dieselben radicale Umgestaltungen seines Textes bieten[3]). Es ist dies um so auffallender, als er jede Auslassung eines einzelnen Wortes und ähnliche kleine Lücken sorgfältig verzeichnet[4]).

Wenn so das benutzte Material nicht immer ganz correct verwertet ist, so ist andererseits nicht alles Material herangezogen, das zu Gebote gestanden hätte, namentlich sind die an Urkunden sehr reichen Quellen der normannischen Zeit nicht überall berücksichtigt und

---

1) ex rogatu Aethelberhti regis cantie, und dann noch einmal ex petitioni A. regis c.
2) Facsimile in den Facs. of Ancient charters in the British Museum I. Bl. 22 und 23.
3) c. d. *102, 126. 156 etc.
4) c. d. 156, 183, 218 etc.

infolgedessen vielleicht bisweilen gerade die älteste Ueberlieferung nicht benutzt worden[1]).

Die Originale erklärt Kemble „verbatim et litteratim" geben zu wollen[2]). Die Facsimiles zeigen jedoch, dass er oft die Dorsualbemerkungen weggelassen hat, die sich ursprünglich wohl bei allen angelsächsischen Urkunden fanden. Es scheint nämlich, dass sie nur Registraturvermerke gewesen sind, Inhaltsangaben in der knappsten Form, wie Burhtunesboc. Da sie somit zeigen, dass eine sorgfältige Aufbewahrung der Urkunden stattfand, woran wir freilich auch sonst nicht zweifeln könnten, so sind sie nicht ganz ohne Interesse. Ein Princip, nach welchem Kemble über die Aufnahme oder Weglassung dieser Notizen entschieden hat, vermag ich nicht zu finden. Dass es nicht Rücksicht auf die Entstehungszeit derselben gewesen ist, zeigt z. B. c. d. 47, wo sich eine solche Bemerkung „in a modern hand" findet.

Man mag einwenden, dass es sich hier nicht um Bestandteile der Urkunden selbst handelt. Zuweilen aber hat Kemble die Grenzbestimmungen fortgelassen[3]), die, auch wenn sie oft hinter den Unterschriften stehen, doch als Teil der Urkunde betrachtet werden müssen. Ein Fall der Art zeigt, dass diese Angaben sogar für die Auflassung des in der Urkunde behandelten Rechtsgeschäfts wichtig sein können. Es heisst in c. d. 224

---

[1]) Dies ist z. B. bei c. d. 48 der Fall, wo Kemble ein Ms. des 14. Jahrhunderts benutzt, während die Urkunde schon bei Wilhelm von Malmesbury zu finden ist, gesta pontif. p. 355 ed. Hamilton (rerum Britann. medii aevi Scriptores).

[2]) c. d. introd. p. CXIV.

[3]) Z. B. bei c. d. 109, vrgl. Thorpe: diplomatarium anglicum 1865, p. 37, und c. d. *150.

hinter den Unterschriften[1]): þis lan salde Ecgberht cyning eþerice pro eius pecunia hoc est L mancusas etc. Dass es sich um einen Kauf handelt, wird sonst in der Urkunde gar nicht gesagt.

Hin und wieder sind einzelne Worte übersehen. Kemble liest firmitatem, statt firmitatem suam, tantum statt tantum modo, subscripsit statt consentiens subs. etc. Von erheblicheren Fällen der Art habe ich nur folgende bemerkt. Durch die Wiederkehr desselben Wortes auf zwei verschiedenen Reihen irregeführt hat Kemble in c. d. 196 eine Reihe ausgelassen[2]). Statt: Terram duorum aratruum in locis nominatis etc. muss es heissen: terram duorum aratruum quod appincg lond illic nominatur. Et rursum in alio loco et in regione suburbana ad oppidum regis quod ab incolis ibi fefres hām appellatur. Terram quoque duorum aratruum in locis nominatis u. s. w. wie bei Kemble.

C. d. * 45 hat im Manuscript[3]) hinter den Unterschriften noch die Worte: + Haec terra praefata jugiter ecclesiae sanctae Maria in Abbaendune subjecta sit.

Ferner hat die Urkunde c. d. 231 hinter der Unterschrift des Beagmund in dem Druck bei Thorpe[4]) noch die Worte: Beornfridh presbyter gedhafie ꝥ mit write, die bei Kemble fehlen.

C. d. * 163, eine Urkunde, die nur in der berüchtigten historia Croylandensis des Ingulf auf uns gekommen ist, schliesst bei Kemble mit den Worten: + Ego Heaberichtus comes ad imperium domini mei regis

---
1) Cameron Taf. 13.
2) Vergl. Ancient charters Bl. 18.
3) Vergl. chronicon monasterii de Abingdon 1 p. 12 ed. Stevenson (rer. Brit. med. aevi SS). Die Urkunde ist nur in dieser Chronik erhalten.
4) Diplomatarium angl. p. 474.

Offae, ad cius praeceptum, hoc chirographum manu mea scripsi. Die Vergleichung mit dem Texte des Ingulf, wie er bei Fell [1]) vorliegt, zeigt, dass hier zwei Unterschriften in eine zusammengezogen sind. Es muss heissen: + Ego H. comes ad imperium domini mei regis consignavi. + Ego Tilherus presbyter domini mei regis O. ad eius praeceptum hoc chirographum manu mea scripsi. Ob Kemble dasselbe Manuscript benutzt hat wie Fell ist mir unbekannt, und ich möchte daher das Versehen lieber dem Schreiber seines Manuscripts als Kemble selbst zur Last legen.

Das „litteratim" hat Kemble dahin erläutert, dass er die Abkürzungen, Interpunction und die grammatischen Fehler der Originale beibehalte „so weit wie möglich". Auf die Fälle, in denen es nicht möglich war, hat er aber nicht aufmerksam gemacht. Ausserdem ist nicht einzusehen, weshalb er darauf verzichtet hat, die Schriftzeichen überall genau wiederzugeben. Statt p finden wir oft e oder ae, ae statt e, ę statt e, th statt þ u. dergl. m.

Von Lesefehlern und ähnlichen Versehen ist der cod. dipl. nicht frei. Für possedeas steht possideas, Coenhard statt Coenheard, trinus divinus statt trino divino, ferresham statt fefresham, ex habitatis für et habitatio u. dergl. m. Wenn in c. d. 240 in der Zeugenreihe der Zeuge Osmund auf Hysenoth, in dem ersten Ms. aber erst auf Beornnodh folgt, so ist dies wohl nur ein weiterer Beweis dafür, dass Kemble hier nicht seinem ersten Ms. gefolgt ist.

Ich verzichte darauf, einiges weniger Erhebliche anzuführen. Auch ist wol hinreichend erwiesen, dass

---

[1]) Rerum Anglicarum Scriptorum veterum Tom. I 1684 p. 6.

der cod. dipl. nicht überall den berechtigten Anforderungen genügt, und dass daher das Material für die Erforschung der angelsächsischen Geschichte durch eine neue Ausgabe der Urkunden nicht unwesentlich verbessert werden könnte.

§ 1. Schreiber und Dictatoren.

Die Entwickelung des Urkundenwesens ist überall da, wo es eine königliche Kanzlei giebt, in hohem Grade von dieser abhängig. Aus keiner Privatkanzlei können so viele und insbesondere so wichtige Urkunden hervorgehen, wie aus der königlichen, und gewisse Kategorien von Diplomen sind dieser ausschliesslich vorbehalten, so, um nur das bekannteste Beispiel zu wählen, Mundeburde und Immunitäten bei den Franken. Schon darum ist vorzugsweise, wenn nicht ausschliesslich, der königlichen Kanzlei eine bewusste Ausbildung des Formelwesens möglich, und wegen der rechtlichen Bedeutung ihrer Urkunden auch notwendig. Da somit die Kenntnis der Kanzlei und ihrer Einrichtungen von hoher Wichtigkeit für das Verständniss des Urkundenwesens und der Formeln ist, so wird es zweckmässig sein, mit der Untersuchung darüber zu beginnen, vor Allem also zu prüfen, ob es bei den Angelsachsen überhaupt eine königliche Kanzlei gegeben hat.

Im Gegensatz gegen die ohne Begründung hingestellten Ansichten älterer Forscher wie Turner[1]) und Palgrave[2]) hat zuerst Kemble unter Berufung auf eine Stelle des Mathens Paris mit Entschiedenheit behauptet, dass es bei den Angelsachsen bis auf Eduard den Bekenner weder eine Kanzlei noch ein berufsmässiges No-

---

[1]) History of the Anglo-Saxons III 153. Es ist mir jedoch nur die 5. Aufl. von 1828 zugänglich gewesen.

[2]) The rise and progress of the english commonwealth. Anglosaxon period I. 178.

tariat gegeben habe.[1]) Dieser Ansicht hat sich dann Brunner angeschlossen[2]), der zugleich auch die positive Seite der Frage kurz behandelt hat, auf die Kemble nicht eingegangen war.

Die Urkunden geben keinen directen Aufschluss. Brunner bezeichnet es geradezu als die hervorstechendste Eigenthümlichkeit der angelsächsischen Carta, dass sie den Schreiber völlig ignorirt, und man kann in der That sagen, dass die Nennung des Schreibers die Unechtheit der Urkunde beweist, wenigstens sind alle Urkunden, die den Schreiber nicht aus sachlichen Gründen nennen, sondern nur um eben mitzuteilen, wer der Schreiber war, unzweifelhaft Fälschungen, und als solche schon durch die Personen der Schreiber gekennzeichnet. Bei einem Teile dieser Urkunden ist eine Einrichtung der normannischen oder der späteren angelsächsischen Zeit auf die frühere übertragen. So wenn c. d. *233, eine Urkunde in der auch andere normannische Beamte wie ballivi vorkommen, einen scriba regis nennt, oder wenn c. d. *213 von Turstanus presbyter domini mei regis Uuithlaphii geschrieben sein soll. Königliche Schreiber und Hofgeistliche, die als Notare fungiren, finden sich ausser in diesen und ähnlichen plumpen Fälschungen erst in Quellen aus der Zeit Eduards des Bekenners.[3])

Ein anderes Mal wird Erzbischof Bregowin als Schreiber genannt.[4]) Stand derselbe in Beziehungen zur Kanzlei, so war er doch gewiss nicht einfacher Schreiber; gehörte er ihr nicht an, so begreift man nicht, weshalb er eine Urkunde geschrieben haben soll, die ihn ganz und gar nichts anging.[5]) Auch hier be-

---

[1]) c. d. introd. XXV. XCI, die Sachsen in England II. 96.
[2]) Zur Rechtsgeschichte der rom. und der germ. Urkunde I. 1880, S 161, 203.
[3]) S. Palgrave: rise and progress I 176, Kemble: Sachsen II. 97. Turstan speciell erinnert doch gar zu sehr an den 1114 zum Erzb. von York gewählten T., der vorher Caplan und Secretär Heinrichs I war, s. Hardy: descriptive catalogue of materials relating to the history of Great-Britain and Ireland II. 210.
[4]) Er soll ein in c d. *64 citirtes Güterverzeichnis von Kloster Evesham geschrieben haben, welches die Bedeutung eines Landbuches haben sollte.
[5]) Evesham, vom Bischof Ecgwin von Worcester gegründet (s. c. d. *64), hat keine Beziehungen zu Canterbury.

weist die Person des Schreibers die Unechtheit der Urkunde. Der Erzbischof wird zum Schreiber gemacht, nur um der Fälschung grössere Autorität zu verleihen. Es ist überflüssig, die Richtigkeit der oben aufgestellten Regel an allen Urkunden besonders nachzuweisen, da in denselben die Fälschung klar zu Tage liegt.¹) Nur auf zwei Urkunden gehe ich noch ein, weil sie allein von allen, die den Schreiber nennen, von Kemble für echt gehalten worden sind.²)

In Betreff der ersten kann ich mich dieser Ansicht nicht ohne Einschränkungen anschliessen. Die Urkunde ist von einem Bischof Leutherius unterschrieben, der im Text als beatae memoriae L. episcopus angeführt wird. Dass es sich beide Male um denselben handelt ist sicher, es giebt nur einen Bischof dieses Namens³). Man kann auch nicht annehmen, dass der Bischof zwischen Handlung und Beurkundung gestorben sei, denn es wird ausdrücklich die Anwesenheit der Zeugen bei der Unterzeichnung der Urkunde erwähnt; der Aussteller überreicht sie ihnen, nachdem er selbst unterschrieben hat.⁴) Ausserdem wird in der Poenalformel Excommunication angedroht, was ganz ungewöhnlich ist.

Wenn wir nun in dieser Urkunde einen Schreiber genannt finden⁵), so würde es gestattet sein, mit Berufung auf die bisherige Auseinandersetzung darin ein weiteres Kennzeichen der Unechtheit zu erblicken. Aber die Urkunde hat in Formeln, Sprache, Unterschriften sonst nichts Auffälliges, und ich glaube, dass sie nicht ganz zu verwerfen ist. Vielmehr wird folgende Erklärung zulässig sein.

C. d. 104a ist eine im Jahre 759 angefertigte Ab-

---

¹) Es sind c. d. *4, *45, *163, *192.
²) Beide stehen im c. d. unter nr. 104. Ich citire sie als 104 a und b.
³) Eine Uebersicht der englischen Bischöfe bis auf die Gegenwart giebt Stubbs: registrum sacrum anglicanum, Oxford 1858.
⁴) Ego Coinredus qui hanc cartulam donationis meae per omnia in manu propria signavi et ad roborandum fidelibus testibus tradidi.
⁵) Ego Uuimbertus presbyter qui hanc cartulam rogante supra effato abbate (der Empfänger der Urkunde) scripsi et subscripsi.

schrift einer zur Zeit des Leutherius, d. h. zwischen
670 und 676 ausgestellten Urkunden. Die erwähnten
Unregelmässigkeiten fanden sich also bereits in dieser
älteren Urkunde¹) und sie erklären sich durch die
Annahme, dass das Original derselben untergegangen
und bald darauf durch eine Fälschung ersetzt worden
ist, auf der c. d. 104 a beruht. Nur ein Schreiber,
der Leutherius gekannt hatte und unmittelbar nach
seinem Tode schrieb, konnte unter dem frischen Eindrucke des Ereignisses ihn als beatae memoriae bezeichnen und zugleich übersehen, dass er sich dadurch in
Widerspruch mit einer anderen Stelle der Urkunde
setzte. Danach ist die Fälschung spätestens um 680
angefertigt worden. Diese frühe Entstehung erklärt es,
dass die Formeln durchaus die der echten Urkunden sind,
und dass der Fälscher, während auch er nicht unterlassen
konnte, für die Sicherung der Urkunde mehr zu thun,
als sonst üblich, doch nicht in Extravaganzen verfiel.
Er beschränkte sich auf die Androhung der Excommunication in ganz einfachen Worten²) und die Namhaftmachung des Schreibers. Gerade dies versprach vorzügliche Wirkung, denn es liegt kein Grund vor, zu
bezweifeln, dass wirklich ein Wimbert der Schreiber
der echten Urkunde gewesen ist, und dass es um 670
einen Urkundenschreiber Wimbert gab dürften um 680
doch noch recht Viele gewusst haben.

Ich glaube somit, dass die Urkunde, auf der c. d.
104 a beruht, eine Fälschung ist, aber eine Fälschung
ganz besonderer Art. Sie lässt sich mit jenen Abschriften von Originalen vergleichen, die man überall anfertigte, um nicht gegebenen Falles die Originale selbst
vorlegen und der Gefahr der Beschädigung aussetzen
zu müssen, und die, ohne dass sie Anspruch auf Anerkennung vor Gericht haben, dennoch in Form und Inhalt echt sind. Die Urkunde ist unecht insofern, als sie

---

¹) Die Abschrift wird durch folgende, c. d. 104 b einleitende
Worte beglaubigt: + hoc signum ego Cyniheardus indignus episcopus
impressi ad confirmandam roborandamque hanc cartulam (c. d. 104 a)
quam huiusmodi conscriptam esse fateor.

²) (Wer die Schenkung angreift) a liminibus sanctae ecclesiae
sit separatus.

nicht vom Aussteller und den Zeugen unterzeichnet und dem Empfänger feierlich übergeben worden ist; aber an der Wahrheit des Inhalts ist nicht zu zweifeln, und auch die Form kann als echt gelten, wenn wir von jenen Unregelmässigkeiten absehen, die sich aus der Entstehungsart der Urkunde ergaben. Aber hier kam es freilich gerade darauf an zu zeigen, dass wir es eben wirklich mit Unregelmässigkeiten zu thun haben, die in völlig echten Urkunden nicht vorkommen können.

Es ist bisher nur von dem Schreiber jener Urkunde die Rede gewesen, von der in c. d. 104 a eine Abschrift vorliegt. Aber auch der Schreiber dieser Abschrift ist uns bekannt, es ist der Bischof Cynehard[1]). Dies ist jedoch keine Ausnahme von unserer Regel, denn Cynehard schreibt keine neue Urkunde, sondern schreibt eine längst vorhandene ab, und dass er genannt wird, war der ganzen Sachlage nach gar nicht zu vermeiden. Die Abschrift wurde gebraucht, um einen Streit zwischen zwei Klöstern durch einen Vergleich beendigen zu können. Cynehard war es, der sich vornehmlich um das Zustandekommen dieses Vergleichs bemühte und dann auch gleich die dazu nötigen Schriftstücke, jene Abschrift und die Vergleichs-Urkunde[2]), besorgte. Letztere enthält zugleich eine Geschichte des ganzen Streites, und Cynehard spricht dabei von sich immer in der ersten Person[3]). Ganz naturgemäss sagt er daher bei Erwähnung der Abschrift: ich habe sie gemacht. Man kann nicht gut verlangen, dass er, weil es sonst nicht Sitte ist, den Schreiber zu nennen, irgend welche Wendung erdenken soll, um nur ja jede solche Notiz zu vermeiden.

C d. 104 bildet eine ganz vereinzelte Ausnahme. Es gab keine angelsächsischen Urkunden, die den Schreiber nannten. Darum ist auch die Zahl der Fälschungen, in

---

[1]) präsens libellum (c. d. 101 a) ego (Cynehard) discripsi atque excerpsi ab illo primitus dato B. abbati (dies ist jene von C. für das Original gehaltene Fälschung, von der soeben die Rede gewesen ist). c. d. 104 b.
[2]) Dies ist c. d. 104 b.
[3]) Eben daraus folgt, dass er auch c. d. 104 b geschrieben hat, da so nur der Schreiber oder der Aussteller sprechen kann. Letzterer, hier die beiden Parteien, kommt aber nur in der 3. Person vor.

denen des Schreibers gedacht wird, so gering, und selbst diese bestätigen noch unsere Regel, denn die Schreiber sind entweder frei erfundene Personen, wie der famose Referendarius Angemund,[1]) oder solche, die garnicht der angelsächsischen Zeit angehören, wie Turstan.

Eine dritte Kategorie der Fälschungen endlich zeigt, wie eifrig man den Namen des einzigen Schreibers der älteren angelsächsischen Zeit, den man kannte, nämlich den Wimberts, verwertete. Wir finden ihn in einer Urkunde als Schreiber,[2]) in einer anderen als Dictator[3]) und noch einige Male als einfachen Zeugen.[4]) Sämmtliche Urkunden, in denen er überhaupt vorkommt, gehören einem kleinen Kreise von Klöstern an, nämlich Abingdon, Malmesbury und Shaftesbury. Von Shaftesbury, wo man eine für echt geltende Urkunde mit diesem Namen besass,[5]) wird derselbe nach Malmesbury gekommen sein, entweder direct oder durch Vermittlung des benachbarten Glastonbury, welches in engen Beziehungen zu Malmesbury stand.[6]) Von hier aus wird dann der Name nach dem nahen Abingdon gekommen sein. Eine angelsächsische Urkunde mit dem Namen des Schreibers war eine Rarität, auf die die Mönche zu Shaftesbury gelehrte Gäste aus befreundeten Klöstern gewiss aufmerksam machten. Diese brachten dann Wimberts Namen nach ihren Klöstern und dort unterliess man nicht, davon Gebrauch zu machen. So kannte schon Wilhelm von Malmesbury eine so grosse Anzahl von Urkunden, die von Wimbert geschrieben sein sollten, dass er, indem er c. d. 48 mitteilt, behaupten konnte, der dort unterschreibende Wimbert sei ein Hofgeistlicher des Königs Cedwalla gewesen, der wie c. d. 48 so auch die übrigen

---

1) c. d.* 4. Seine Existenz ist sehr zweifelhaft, da, um nichts weiter anzuführen, sein beständiger Begleiter ein Graphio comes ist! s. c. d.* 3
2) c. d.* 45.
3) c. d. 48.
4) c. d.* 11,* 24,* 28.
5) Die Vorlage von c. d. 104 a. Das Kloster wird in der Urkunde nicht genannt, dieselbe ist aber nur im Cartular von Sh. erhalten.
6) Wilhelm von Malm. schrieb sogar eine Geschichte von Gl. wobei er das Archiv dieses Klosters benutzen konnte.

Urkunden dieses Königs dictirt habe.¹) Da c. d. 48 von Ine ausgestellt ist, so ist Cedwalla nur aus Versehen genannt, aber das hat nicht gehindert, dass man zu Urkunden Cedwallas, die schon früher gefälscht waren, die Unterschrift Wimberts hinzufügte. Die Urkunde c. d. *28 wie sie Wilhelm vorlag enthielt den Namen noch nicht,²) er ist erst später und jedenfalls auf Grund jener Angabe Wilhelms hinzugefügt worden, und ebenso wird es sich wohl mit c. d. *24 verhalten. Es können also nicht diese Urkunden gewesen sein, auf die sich Wilhelm stützte, sondern andere, für uns verlorene. Die ausgedehnte Verwertung dieses einen Namens zeigt deutlich, dass man eben keine anderen kannte, dass es also nicht gebräuchlich gewesen ist, den Schreiber zu erwähnen.

Wenn sich zuweilen statt des sonst in den Unterschriften üblichen subscripsi ein einfaches scripsi findet ³) so ist keine Veranlassung, dieses auf etwas Anderes zu beziehen als auf das Kreuz, welches stets den Namen beigefügt wird,⁴) und allenfalls auf den Namen selbst, neben dem es sich findet. Wollte man es anders auffassen, so würde man z. B. König Aethelbert von Sussex für den Schreiber von c. d. 1010 halten,⁵) und annehmen müssen, c. d. 167 sei von der ganzen Reichsversammlung geschrieben worden.⁶)

Ebenso ist es in c. d. 109 nur Schuld des Ausdrucks, wenn es so aussieht, als ob Dunwald, ein Gesith Aethelberths von Kent, eine dort citirte Urkunde geschrieben habe. Aber in den Worten: „hoc ipsum in libello primae donationis meae faciendum descripsi" liegt offenbar ein Versehen des Schreibers vor, es muss heissen: describendum feci, was sich öfter findet⁷). —

---

¹) gesta pontif p. 355 ed. Hamilton.
²) gesta pont. p. 353. Wir haben nur ein Ms. des 14. Jahrh.
³) Z. B. c. d. 78, 117, 1000.
⁴) Bisweilen wird ausdrücklich auf diese Beziehung hingewiesen:† signum sanctae crucis quodscripsit A. rex atque donator, c. d. 77.
⁵) ego A. rex hanc donationem cum propria manu scripsi.†
⁶) Scripta est autem haec libertatis cartula ab universo concilio synodali.
⁷) Z. B. in c. d. 109 selbst: hunc libellum huiusce donationis meae describi feci.

Ich habe oben schon die Urkunde c. d. 48, in welcher Wimbert als Dictator vorkommt,[1]) zu den Fälschungen gerechnet. Es gereicht dieser Ansicht zur Unterstützung, dass alle anderen Urkunden, welche Dictatoren nennen, unecht und schon von Kemble demgemäss bezeichnet sind. Auch die Dictatoren werden verschwiegen, Abweichungen von dieser Regel erweisen Unechtheit der Urkunde. Die Zahl der Beispiele ist nur klein, da in einigen Fällen dictare im Sinne von dicere verstanden werden kann, wenn es auch zweifelhaft ist, ob die Fälscher selbst es so verstanden haben.[2])

Zur Charakterisirung dieser Angaben diene folgendes Beispiel. C. d. *18, Urkunde Cedwallas von Wessex für den heiligen Wilfrid vom Iahre 680, ist angeblich von Aldhelmus scolasticus archiepiscopi Theodori dictirt.[3]) Es ist zunächst unklar, wie ein scholasticus Theodors dazu kommen konnte, eine Urkunde zu schreiben, die weder ihn noch Theodor etwas anging,[4]) und die Sache wird vollends unmöglich, wenn man sich erinnert, dass Wilfrid und Theodor in bitterer Feindschaft gelebt haben.[5]) Es handelt sich auch hier wieder nur darum, durch die Namen der ehrwürdigen Männer den Verdacht der Unechtheit fernzuhalten. Ganz ebenso ist es bei den beiden übrigen Beispielen, wo Bischof Erconwald und Erzbischof Bregowin als Dictatoren genannt werden.[6])

Echte Urkunden sprechen nur scheinbar von den Dictatoren. Denn in c. d. 217 soll dictare so viel heissen wie dicere. Dies ergiebt sich schon aus dem Wortlaut der Stelle, die auch nicht, wie in den besprochenen Fällen, unter den Unterschriften, sondern im Contexte steht. Die Worte: „hanc meam donationem eo firmior scribendam dictavi quam ab eo placabilem pecuniam

---

1) † Ego Uuynberchtus hanc donacionem dictans subscripsi.
2) c. d. *37, *44, *177.
3) ego Aldhelmus etc. hanc cartulam dictitans prout regis maiorumque inperia statuerunt scribere iussi.
4) Es ist eine Schenkung von 70 Hufen an Wilfrid.
5) Vgl. Lappenberg: Gesch. von England I 169 ff. Der Fälscher hat das so vollständig übersehen, dass er Wilfrid die Urkunde und „multimodas et humillimas in Christo salutes" an Theodor senden lässt.
6) C. d. *38 und in der in c. d. *64 citirten Urkunde.

accepi" sollen offenbar heissen: ich habe zu grösserer Sicherheit meine Schenkung aufschreiben lassen u. s. w. Wollte man dictare in dem gewöhnlichen Sinne nehmen, so müsste man dem Aussteller, König Ceolwulf von Mercien, die Fähigkeit zutrauen, eine Urkunde abzufassen, eine Annahme, die mehr als bedenklich ist. Dictare findet sich auch sonst bei den Angelsachsen für dicere, z. B. in dem Briefe Bedas an den Erzb. Ekbert.[1]

Dann c. d. 79: hanc cartam composui in IV. feria VIII kal. Decembres, passio sancti Chrisogoni martyrs. Der Compositor ist nicht genannt. Vielleicht gehören die Worte zur Unterschrift des Ontuuini, der als der letzte unter den Zeugen aufgeführt ist, vielleicht ist als Subject der Aussteller, König Aethelbald von Mercien, anzusehen, so dass componere wie in c. d. 217 dictare gebraucht wäre. Bei dieser Unsicherheit der Beziehung ist mit der Stelle nichts weiter anzufangen. Ausserdem ist dieselbe nicht unverdächtig, da sie zugleich die Datirung enthält und zwar in sehr ungewöhnlicher Form. Jahr und Indiction fehlen, der Tag dagegen ist sehr genau bezeichnet, aber auch wieder auf eine Art, die sich nur in Fälschungen findet.[2]

Dies ist alles was die Urkunden an directen Angaben über Schreiber und Dictatoren enthalten. In der That sehr wenig, aber doch nicht so wenig, wie es auf den ersten Blick scheinen mag. Wir finden nämlich zumeist als Schreiber und Dictatoren Männer genannt, die entweder garnicht mit dem Hofe in Verbindung stehen oder als Hofgeistliche, nicht als Notare bezeichnet werden.[3] Da aber alle diese Urkunden Königsurkunden sind, so müssen ihre Verfertiger der Meinung gewesen sein, dass es keine Kanzlei gegeben habe. Sie hätten sonst gewiss nicht unterlassen, ihre Schreiber als Notare zu bezeichnen.

Demnach glaube ich allerdings, dass die Ansicht Kembles über die Kanzlei gerechtfertigt ist. Wenn wir

---

[1] epist. ad Ekb. § 7: die Bischöfe unterschreiben gewisse Urkunden eadem ipsi philargyria dictante od confirmandum male scripta, qua emptores ad comparandum hujusmodi monasteria coacti. Ein anderes Beispiel in dem Briefe Aelbwalds von Ostanglien an Bonifaz, Jaffé monum. Mogunt. p. 211.
[2] S. c. d. *139, 140, *141 etc.
[3] Ausnahmen sind nur c. d. *4 und *233.

aber nun weiter fragen, wer denn die Urkunden geschrieben hat, so liegt es nahe, an die Hofcapläne zu denken,[1]) die schon früh nachweisbar sind.[2]) Jedoch ist diese Vermutung unzutreffend. Diese Capläne mochten wohl die Correspondenz des Königs besorgen, sie haben aber nicht die Urkunden geschrieben. Die genaue Kenntnis der Formeln und des Urkundenstils setzt längere Uebung voraus, und wenn es am Hofe Leute gab, die sich beständig mit dem Schreiben von Urkunden beschäftigten, so hätte sich ganz von selbst eine Kanzlei bilden müssen, ein Institut, das sich berufsmässig der Pflege der Formeln widmete und Gelegenheit bot, sich in der Anwendung derselben zu üben, wie dies wirklich geschehen ist, nachdem man unter normannischem Einfluss angefangen hatte, die Hofgeistlichkeit regelmässig für Kanzleigeschäfte zu verwenden[3]) Die Briefe erforderten keinerlei Ausbildung des Schreibers, diese mochte also der erste beste Geistliche schreiben, der gerade zur Hand war. Hier lag auch keine ständige Thätigkeit vor, es konnte also auch daraus keine eigens für diesen einen Zweck bestimmte Behörde hervorgehen. Auf die citirte Bemerkung Wilhelms von Malmesbury über Wimbert ist gar kein Gewicht zu legen. Er kannte einen Brief, worin Aldhelm den von ihm erwähnten Dictator Wimbert um seine Verwendung beim Könige bittet[4]) und daraus schloss er, dass Wimbert Hofgeistlicher gewesen sei. Ein Mann, der mit den Urkunden zu thun hat und von Einfluss bei Hofe ist, kann für einen Autor der Normannenzeit gar nichts anderes sein, als ein Hofcaplan. Aber Wimbert gehört nun einmal nicht der Normannenzeit an, und es lässt sich zeigen, dass er keinerlei Hofamt bekleidete. Er muss vom Empfänger um Ausfertigung der Urkunde ersucht werden,[5]) während einem Beamten einfach der Befehl dazu erteilt worden wäre. Der Aussteller Coenred ist freilich kein König, sondern vermutlich der wessexische Prinz Coenred, der

---

1) So Palgrave, rise and progress I 179.
2) Kemble, Sachsen II 98.
3) S. Palgrave I 145, 176 ff. Kemble II 97.
4) gesta pont. p. 356.
5) S. oben S. 13 N. 4.

Vater König Ines, aber wenn Wimbert Hofgeistlicher war, so wären doch wohl Coenreds Bitten gewichtiger gewesen, als die des Empfängers, und wenn trotzdem der Letztere sich an Wimbert wendet, so müssen wir annehmen, dass dieser in gar keinem Zusammenhange mit dem Hofe gestanden hat. Es ist somit nur noch die Frage, ob sich aus den Urkunden erweisen lässt, dass sie nicht am Hofe geschrieben worden sind.

Wenn die Hofgeistlichen als Schreiber fungirt haben, so muss sich das noch in den Urkunden erkennen lassen, weil wir annehmen dürfen, dass jeder Schreiber nur über eine kleine Zahl von Vorlagen verfügte, nach denen er zu schreiben pflegte. Die angelsächsischen Urkunden verteilen sich ihrem Inhalt nach, wie erwähnt, nur auf wenige Kategorien, es lag daher für die Schreiber keine Nötigung vor, sich nach einem grösseren Formelvorrate umzusehen, und dadurch erklärt es sich, dass der Formelschatz der Angelsachsen in der That ein ziemlich kleiner ist. In Arenga, Comminatio u. s. w. sehen wir dieselben Gedanken in derselben oder nahezu derselben Fassung beständig wiederkehren. Wir dürfen daher annehmen, dass wenigstens die Urkunden, die von demselben Schreiber herrühren, sehr viel Aehnlichkeit zeigen, ja, vollständig übereinstimmen werden. Wenn man die Urkunden eines Königs unter einander und mit denen seiner unmittelbaren Vorgänger und Nachfolger vergleicht, so darf man hoffen, einige Beispiele dafür zu finden, und zum Glück haben gerade drei Herrscher, die unmittelbar nach einander regiert haben, uns eine grössere Zahl von Urkunden hinterlassen, als alle anderen. Es sind: Aethelbald, Offa und Coenwulf von Mercien.[1])

Bei einigen Urkunden derselben ist auch wirklich vollständige Uebereinstimmung vorhanden,[2]) nämlich bei c. d. 89 von Aethelbald und c. d. 123 von Offa, beide für

---

[1]) Offas Sohn Ekfrith regierte nur 141 Tage und kommt daher nicht in Betracht.

[2]) Unechte Urkunden können hier natürlich nicht berücksichtigt werden, es sind c. d. *7 und *93, *22 und *23, 32 und *33, *50 und *51, *145 und *150, *221 und *1026. Dazu kommen noch einige, die nur in einzelnen Formeln übereinstimmen, wie c. d. *139 und *140 etc.

St. Peter, Worcester, c. d. 120 für Kloster Bradon und c. d. 134 für St. Marie, Worcester, beide von Offa. Endlich folgende Urkunden Coenwulfs: c. d. 196 und 199, c. d. 201, 204 und 205, sämmtliche für Erzbischof Wulfred, c. d. 209, 210 und 212 für Bischof Denebert von Worcester. Es fällt sofort auf, dass sich Uebereinstimmung nur in Urkunden für denselben Empfänger findet,¹) und diese Erscheinung ist um so beachtenswerter, als die betreffenden Urkunden keineswegs gleichzeitig ausgestellt sind, zwischen c. d. 89 und 123 liegt sogar ein Zeitraum von wenigstens 30 Jahren.

Berücksichtigt man dann auch noch die übrigen Urkunden, so vermehrt sich die Zahl der zusammengehörigen, während sich wiederum ergiebt, dass nur Urkunden für denselben Empfänger übereinstimmen. So c. d. 1006 und 1007 von Cuthred von Wessex für St. Peter und Paul, Winchester, c. d. 1033, 1035 und 1038 von Ekbert von Wessex für Winchester.²) Vielleicht sind auch c. d. 1005 und 1013 hier zu nennen, zwei durch einen Zeitraum von 37 Jahren getrennte Kenter Urkunden für Reculver, doch ist, da c. d. 1005 nur aus einer Dispositio besteht, Sicherheit nicht zu gewinnen

Dass die Hofcapläne Urkunden für denselben Empfänger immer nach demselben Schema geschrieben, und dass die neu Eintretenden sich dabei immer nach den Gewohnheiten ihrer Vorgänger gerichtet haben sollten, ist nicht zu glauben, vielmehr muss aus jenen Uebereinstimmungen geschlossen werden, dass der Destinatär die Urkunden schreiben lässt.³)

---

¹) Bradon gehört dem bischöflichen Stuhle von Worcester, denn in c d. 138 wird eine Schenkung Offas an Bradon wie eine solche an den Bischof behandelt: sine ullo obstaculo contradictionis .... in usum episcopi weogernensis ecclesiae maneat. St. Marie ist freilich damals noch nicht Kathedrale (nach Haddan und Stubbs: councils and ecclesiastical documents relating to Great Britain and Ireland III 339 note), aber für meinen Zweck genügt der Nachweis, dass die Empfänger von verwandten Urkunden in Beziehungen zu einander stehen, und dass folglich die Benutzung derselben Vorlage nicht auf Ausstellung am Hofe beruhn muss.

²) Bei c. d. 1035 ist zu berücksichtigen, dass die Urkunde ganz offenbar stark überarbeitet ist.

³) Das hat schon Brunner behauptet, aber ohne eingehendere Begründung.

Entscheidend sind die beiden Urkunden für Abingdon, c. d. 214, im Jahre 821 von Coenwulf von Mercien und c. d. 236, im Jahre 835 von Ekbert von Wessex ausgestellt. Die Urkunden stimmen, soweit es der Sachverhalt gestattet, fast wörtlich überein. Sie stehen aber inhaltlich in keinem Zusammenhange, so dass man nicht annehmen kann, dass c. d. 214 etwa Ekbert vorgelegt und dann als Vorurkunde benutzt worden sei. Dass die Capläne Coenwulfs in den Dienst Ekberts getreten seien, ist mehr als unwahrscheinlich. Die Uebereinstimmung erklärt sich daher nur durch die Annahme, dass die Urkunden von einem Mönche zu Abingdon geschrieben worden sind.

Für die eine derselben lässt sich dieser Ursprung sogar aus den Quellen erweisen. C. d. 214 wurde nach Beendigung eines Zwistes zwischen Coenwulf und dem Abt Rethun ausgestellt. Die Chronik von Abingdon sagt darüber:[1] „Nacta itaque occasione ab hujusmodi concordia, abbas Rethunus ea quae inter regem et ipsum jam fuerant sopita ne in redivivam litem resurgere possent, utile sibi decrevit et domui suae in scriptum redigere et ad notitiam posterorum transmittere. Quo libenter a rege concesso, privilegium suum fecit rex domui Abbendoniae de villis ad ipsam pertinentibus etc." Rethun erbittet vom Könige nicht eine Urkunde, sondern die Erlaubnis, eine solche aufzusetzen, in scriptum redigere, er ist es, der die Urkunde schreiben lässt. Um dies im Namen des Königs thun zu können, braucht er die Erlaubnis desselben. Das privilegium facere seitens des Königs besteht in der Uebergabe der Urkunde an den Abt. Der Ausdruck ist dadurch gerechtfertigt, dass die Urkundentradition das Wesentlichste bei Landübertragungen etc. ist.

Einige scheinbare Ausnahmen bedürfen der Erklärung. In einem ganz besonderen Verhältnisse stehen c. d. 86 für Kloster Liming und c. d. 114 für Rochester

---

[1] I p. 23 ed. Stevenson. Die Chronik beruht auf alten Aufzeichnungen und ist sehr zuverlässig, s. das. pref. p. IV f. XIII.

einerseits, c. d. 86 und c. d. 1003 für die Christkirche zu
Canterbury andererseits. Die beiden ersteren stimmen
nur in der Comminatio überein, dieselbe ist jedoch hier
so umfangreich, wie sonst nirgends, und es ist daher,
obgleich der Formel nur der dafür übliche Gedanke zu
Grunde liegt, nicht anzunehmen, dass zufällig zwei
Schreiber auf dieselbe Ausführung eines Gedankens gekommen sind. Die beiden anderen Urkunden enthalten die
Schenkung eines und desselben Grundstücks und Pivilegs
durch verschiedene Herrscher von Kent an verschiedene
Empfänger. Die Urkunden stimmen wörtlich überein,
nur dass c. d. 1003 sehr verkürzt ist, jedenfalls durch
den Abschreiber. Es fehlen nämlich die Arenga und
die Unterschriften, und jene ausführliche Comminatio
ist durch eine ganz kurze und einfache ersetzt. All diese
Zusammenhänge beruhen, glaube ich, darauf, dass in
ganz Kent dasselbe Formelbuch in Gebrauch war. Die
Annahme des Christentums in den einzelnen Reichen
hatte sofort die Gründung eines Bistums zur Folge.
Von hier aus wurden dann Klöster und Kirchen gegründet und diese nahmen jedenfalls dasselbe Formelbuch an, dessen man sich an dem Bischofssitze bediente.
Kent bildet freilich zwei Diözesen, aber die Stiftung
von Rochester erfolgte sehr bald nach der von Canterbury und ein Gefährte des Augustin wurde der erste
Bischof von Rochester. Es ist daher sehr wohl möglich, dass man hier dasselbe Formelbuch hatte, wie in
Canterbury. Zwischen der Christkirche und Liming
aber scheint noch ein engeres Verhältnis bestanden zu
haben. Ich sagte bereits, dass c. d. 86 und c. d. 1003
dieselbe Schenkung enthalten. Sie betrifft das Recht
des Fischfangs im Limenflusse und ein wohl zur Ausübung dieses Rechtes unentbehrliches Stück Land. Beide
Male wird sie nicht für eine bestimmte Zeit gewährt,
sie fiel also beim Tode des schenkenden Königs heim.
Dass Aethelbert von Kent, indem er die Schenkung
Eadberhts in c. d. 86 auf Liming überträgt, etwa Canterbury habe schädigen wollen, ist nicht anzunehmen,
wenigstens verlautet davon nichts. Andererseits darf
daraus, dass die Urkunden sogar in der Dispositio übereinstimmen, geschlossen werden, dass dem Schreiber zu

Liming die Urkunde für Canterbury vorlag.[1]) Ich meine daher, dass das Kloster der Kirche gehört hat und dass beide Urkunden dort geschrieben sind. Aethelbert erneuerte nur die Schenkung Eadberts und übertrug sie auf Liming, jedenfalls, weil die Ausübung des Rechtes des Fischfangs vom Erzbischof doch dem Kloster, welches am Limenflusse lag, überlassen wurde. Im neunten Jahrhundert ist das angenommene Verhältnis zwischen der Kirche und dem Kloster sogar mit Sicherheit zu erweisen. In c. d. 226 vermacht Oswulf der Christkirche gewisse Ländereien, indem er dieselbe dafür zu gewissen Spenden verpflichtet. In einer darauf bezüglichen Verfügung des Erzbischofs, die sich an diese Urkunde anschliesst, wird die Leistung dieser Spenden denen von Liming auferlegt, „denen das Land gehört"[2].) Es ist ganz derselbe Fall wie oben. Rechte und Pflichten der Kathedrale von Canterbury werden dem Kloster übertragen, was doch nur geschehen konnte, wenn das Kloster der Kirche gehörte.

Bedenklicher erscheint zunächst die Uebereinstimmung von c. d. 240 für die Christkirche und c. d. 1044 für St. Peter und Paul, Winchester, beide von Ekbert von Wessex. Aber c. d. 1044 ist unecht, da einige Unterschriften chronologische Schwierigkeiten machen[3]) und namentlich da der Inhalt sehr bedenklich ist. In c. d. 240 bestätigt Ekbert dem Erzbischof eine

---

[1]) Die Datirung von c. d. 86: anno 741 indictione 3 enthält ein Versehen. Kemble setzt die Urkunde in das Jahr 740, so dass sie ein Jahr älter wäre als c. d. 1003, aber es scheint mir einfacher, die Jahreszahl unter Beibehaltung der Indiction in 750 zu verändern. Bei Kemble's Datirung ist unklar, wie Aethelbert über dieselben Rechte wie der erst 748 verstorbene Eadbert verfügen konnte, da die beiden Brüder verschiedene Theile von Kent beherrschen. s. unten. Wenn sich Kemble darauf stützt, dass die Schenkung nach Angabe der Urkunde erfolgt sei, als Erzbischof Cuthbert noch Abt von Liming war, also spätestens 740, so ist das nur ein weiterer Beweis dafür, dass dem Schreiber c. d. 1003 vorlag, wo sich diese Angabe gleichfalls findet.

[2]) dhe dhis forecumedene lond to limpedh.

[3]) Die Helmstans, Humberts und Swithuns; darauf hat schon Stubbs hingewiesen, Haddan and Stubbs councils III p. 620 note a und 625 u. c.

Schenkung, die ihm der von Ekbert vertriebene König Baldred von Kent gemacht hatte, wofür der Erzbischof sich und seine Nachfolger zu dauernder Treue verpflichtet. Ob er in dem Kriege auf Baldreds Seite gestanden wissen wir nicht, jedenfalls konnte Ekbert eine solche Verpflichtung ausdrücklich von ihm verlangen, da Kent vor Ekbert noch nicht unter wessexischer Hoheit gestanden hatte und es ihm wichtig sein musste, den einflussreichen Prälaten auf jede Art an sich zu fesseln. Wenn nun in c. d. 1044 dieselbe Verpflichtung vom Bischof von Winchester gefordert wird, so ist es nicht möglich, einen Grund dafür zu finden.

Eine Bestätigung unseres Resultates liegt darin, dass manche Eigentümlichkeiten in der Ausdrucksweise der Urkunden ohne dasselbe schwer zu erklären sind. So z. B. die Beziehung auf ältere Schenkungen, die sich in den Grenzbestimmungen zuweilen findet.[1]) Dass man sich solcher am Hofe noch nach Jahren erinnert habe ist wenig wahrscheinlich, und die ganze Art der Bestimmung durch Hinweis auf eine ältere Schenkung ist nur für den Empfänger der alten und der neuen Schenkung nahe liegend.

Sehr bezeichnend ist das Schwanken mancher Urkunden in Betreff des Ausstellers. Ein königlicher Beamter konnte nicht c. d. 1001 schreiben, wo plötzlich, nachdem von ego Nunna rex die Rede gewesen, ego Eolla und consensus regis nostri N. auftritt, und Aehnliches kann man öfter finden[2]) Hierher gehört es auch, dass in dem bestätigenden Zusatz zu c. d. 85 nicht die Bestätigenden Subject sind, sondern der Inhaber der Urkunde.[3]) Dieser Stil entspricht nur der Abfassung durch den Empfänger, nicht der durch den Aussteller bez. den Bestätigenden.

---

1) C. d. 27: quae supradicta terra coniuncta est terrae quam sanctae memoriae L. quondam rex beato Petro donasse cognoscitur. Ebenso c. d. 217.
2) C. d. 143, 199, 1027.
3) Ego A. episcopus inprimis penitus ignoravi quod a Dorovernensis ecclesiae praesuli et rege haec kartula confirmata esse debuisset, postea agnovi, et tum diligenter postulavi ab archiepiscopo N. et rege A .... ut ipsi manu sua hanc donationem corroborassent: et sic in metropolitana urbe perfecto compleverunt.

Von Einzelheiten führe ich die merkwürdige Unterschrift Osrics, des Königs der Hwiccas, an: + signum manus O. regis qui hanc cartam donationis fieri rogavi [1]) Dieser Ausdruck wäre unmöglich, wenn die Urkunde in der Kanzlei geschrieben wäre. Ist dies nicht der Fall, so kann es keine Kanzlei gegeben haben, denn weshalb hätte Osric die Urkunde von anderen als seinen Notaren schreiben lassen sollen?

Endlich muss ich darauf hinweisen, dass die Urkunde, durch die Oswulf ein Stück Land an Liming überträgt,[2]) von derselben Hand geschrieben ist wie die Urkunde, durch die Coenwulf das Land an Oswulf gegeben hatte.[3]) Dass die königliche Kanzlei auch Urkunden für Private geschrieben hat, ist wenig wahrscheinlich. Wenn also eine Königsurkunde und eine Privaturkunde von derselben Hand geschrieben sind, so werden wir den Schreiber nicht in der Kanzlei zu suchen haben. —

Der in c. d. 104 genannte Wimbert, um noch einmal auf ihn zurückzukommen, muss ein Mönch von Shaftesbury gewesen sein. Er kann daher nicht Urkunden für Abingdon und Malmesbury geschrieben haben und so erweist auch für diese Urkunden schon die Person des Schreibers die Unechtheit. —

Es ist nicht zweifelhaft, dass es in jedem Kloster einige schreibkundige Mönche gegeben hat, wenn sie auch vielleicht nicht alle diese Stufe der Bildung erreicht hatten. Wer aber schrieb die Urkunden für die Laien? Denn dass diese es selbst gethan haben sollten, ist völlig unglaublich. Von einem berufsmässigen Notariat ist jedoch keine Spur zu finden, und so kommen wir zu der Annahme, dass die Urkunden der Laien von den Schreibern der Kirchen und Klöster geschrieben worden sind. Zum Beweise diene Folgendes.

Die Regel, dass die Urkunden vom Empfänger aus-

---
[1]) C. d. 12. Die Urkunde ist freilich überarbeitet, wenn nicht unecht, aber kein Fälscher würde etwas von vornherein so Unwahrscheinliches wie das Fehlen einer Kanzlei angenommen haben, wenn er nicht einen thatsächlichen Anhalt dafür gehabt hätte.
[2]) C. d. 175 b.
[3]) C. d. 175 a; vgl. Ancient charters, Bl. 15.

zufertigen sind, gilt ohne Zweifel für die Urkunden Privater ebenso wie für die der Könige. Wenn also Oswulfs Urkunde für Lining von derselben Hand geschrieben ist wie Coenwulfs Urkunde für Oswulf, so ist es unzweifelhaft, dass der Schreiber beider Urkunden ein Mönch zu Lining oder wohl ein Cleriker der Christkirche gewesen ist

Aethelmund, ein Gefolgsmann Uhtreds, des subregulus der Hwiccas, liess seine Urkunden von den Clerikern der Marienkirche zu Worcester schreiben, denn eine Urkunde Uhtreds für ihn[1]) beruht auf derselben Vorlage wie eine Urkunde desselben Uhtred für die genannte Kirche.[2])

Bisweilen war man von vorn herein entschlossen, neu erworbenes Land sofort an eine Kirche weiterzugeben. Dann pflegt zu der Erwerbsurkunde noch vor ihrer Unterzeichnung ein kurzer Vermerk über die Weitervergebung hinzugesetzt zu werden.[3]) Es unterliegt keinem Zweifel, dass dieser Zusatz und die Urkunde selbst von demselben Schreiber geschrieben werden, und dass wir uns diesen als im Dienste des zweiten Empfängers stehend zu denken haben.

Fällen dieser Art sind diejenigen gleich zu achten, in denen der erste Tradent bestimmt, dass seine einem Laien zugewendete Schenkung unter gewissen Bedingungen an ein Kloster fallen soll. Die Urkunde wird dann jedenfalls in diesem Kloster geschrieben.[4])

Man kann annehmen, dass die Laien sich wegen ihrer Urkunden immer an das Kloster gewandt haben, in dessen Nähe sie wohnten. Da dieses zugleich naturgemäss dasjenige war, welches sie vorwiegend, wenn nicht ausschliesslich, mit ihren Schenkungen bedachten, so können wir bisweilen die Heimat von Urkunden für

---

1) C. d. 117.
2) C. d. 118.
3) C. d. 99 z. B. ist eine Schenkung Aethelbalds von Mercien an Osred, die dieser sofort auf die Marienkirche zu Worcester überträgt.
4) C. d. 147 ist eine Schenkung Offas an Esne mit der Bestimmung, dass das Land, wenn der Mannsstamm des E. aussterbe, an Kloster Evesham fallen solle.

Laien erkennen. C. d. 179 z. B. wird als Urkunde von
Rochester anzusehen sein, weil Swithun das ihm durch
diese Urkunde geschenkte Land durch einen Zusatz
später an Rochester überträgt. Ganz sicher freilich st
ein solcher Schluss nicht, da man hin und wieder auch
Veranlassung haben konnte, fremde Kirchen zu beschenken. Wenn es daher darauf ankommt, den Ursprung von Urkunden für Laien festzustellen, so ist man
in erster Reihe auf die Fingerzeige angewiesen, welche
die einzelnen Formeln gewähren. An der nur in Worcester gebräuchlichen Arenga kann man z. B. erkennen,
dass c. d. 170 dort geschrieben ist. —

Für die Gerichtsurkunden hat Brunner schon daraus, dass keine Spur von einem Gerichtsschreiber vorhanden ist, geschlossen, dass ihre Ausfertigung Sache
der Interessenten gewesen sei.[1]) Aus den Urkunden ergiebt sich, dass die siegende Partei für die Urkunde zu
sorgen hat, wie schon daraus hervorgeht, dass diese als
Aussteller erscheint. Freilich sind die Gerichtsurkunden
zumeist im objectiven Stile der Notitia gehalten, so
dass der Aussteller nicht zu erkennen ist. Ein Mal aber
tritt er am Ende einer sehr langen, durchweg objectiv
gehaltenen Gerichtsurkunde plötzlich hervor durch die
Worte: Si autem iterum aliqua altercatio ab alicui he-
rede Coenwulfi imposterum elata fuerit, absque omni
dubitatione sciat me liberum esse measque heredes et
ecclesiam christi iustitiam et emendationem ad heredem
illam requirere.[2]) Erzbischof Wulfred ist der Aussteller.

Anders verhält es sich, wenn es nicht bis zur ge-
richtlichen Entscheidung kommt, sondern vor Gericht
ein Vergleich zu Stande gebracht wird. Hier sind beide
Parteien beteiligt und beide können daher als Aussteller
genannt werden, so in c. d. 143 König Offa und Bischof
Heathored v. Worcester. In diesem Falle ist allerdings
nicht zweifelhaft, das ein Geistlicher aus Worcester als
Schreiber fungirt hat; wenn aber beide Parteien Geistliche
sind, so ist eine Entscheidung kaum möglich. Denn da

---

[1]) Zur Rechtsgeschichte I 203.
[2]) C. d. 220. Ein anderes Beispiel, wo auch der Erzbischof
von Canterbury der Aussteller ist, ist c. d. 1019.

die Gerichtsurkunden[1]) mit rein formelhaften Bestandteilen nicht so reichlich ausgestattet sind wie die Landbücher, und der Natur der Sache nach nicht nach Vorlagen geschrieben werden, sondern jedesmal ein besonderes Dictat erfordern, so ist die Vergleichung der Urkunden, die sich oben so gut bewährt hat, hier ohne Nutzen. Man ist daher auch hier auf die Betrachtung der einzelnen Formeln angewiesen.

Von den Urteilen, die für Laien ergangen sind, ist meines Wissens keines gedruckt, vielleicht auch keines erhalten. Vermutlich wurden sie von dem Schreiber desjenigen Bischofs geschrieben, in dessen Sprengel der Unterliegende wohnte. Das Concil von Celchyth bestimmte nämlich im Jahre 816: ut unusquisque Episcoporum debeat describere judicium illum, qui in qualicunque synodo constitutum est, vel ad illius parochiam pertineat etc. ne forte aliquis homo in suo parrochia, cui rectum sit judicium constitutum, per falsam machinationem et malam versutione a recto judicio declinaverit.[2]) Der Bischof Desjenigen also, von dem man eine falsa machinatio erwarten darf, d. h. der unterliegenden Partei, soll sich eine Abschrift des Urteils verschaffen; es lag nahe, gleich beide Exemplare durch seinen Schreiber anfertigen zu lassen. —

Für die Aufzeichnung der Synodalbeschlüsse hat jedenfalls der Vorsitzende, also bei den allgemeinen Synoden — und nur von diesen sind Acten erhalten — der Erzbischof von Canterbury, zu sorgen. Es lässt sich dies auch aus den Acten der Synode von Hertford erweisen, deren Schreiber sich genannt hat. Es ist der Notar Titillus.[3]) Der Name, der Titel, der Umstand selbst, dass er sich genannt hat, verraten den römischen Ursprung des Mannes. Er ist jedenfalls mit Erzbischof Theodor nach England gekommen und ge-

---

[1]) Ich verstehe darunter alle Urkunden, die mit Vorgängen vor Gericht zusammenhängen und daher wohl sämmtlich auch noch am Orte der Gerichtsversammlung niedergeschrieben sind.

[2]) Cap. IX der Beschlüsse, bei Haddan and Stubbs: councils etc. III 583.

[3]) Quam sententiam definitionis nostrae Titillo notario scribendam dictavi. Beda, hist. eccl. IV, 5.

hörte auch dort zu seinem Gefolge. Wie hätte er sonst dazu kommen sollen, Synodalacten zu schreiben?

So erklärt es sich, dass der Erzbischof als Aussteller dieser Urkunden erscheint, wie z. B. namentlich in den eben angeführten Acten von Hertford[1]). Unter besonderen Umständen mochten Ausnahmen eintreten. Die Beschlüsse der northumbrischen Synode von 787 sind von den päbstlichen Legaten geschrieben worden[2]), weil sie auf die Initiative des Pabstes, nicht auf Beratungen der angelsächsischen Geistlichkeit zurückgehen. Der Pabst sandte die Legaten eben, um durch sie jene Beschlüsse den angelsächsischen Prälaten vorlegen zu lassen, die dieselben unverändert annahmen.

Die hohen Geistlichen bilden einen hervorragenden Bestandteil der Reichstage. Deshalb werden die Synoden gewöhnlich am Orte und zur Zeit der Reichstage gehalten und die Beschlüsse der beiden Körperschaften in einem Schriftstück vereinigt, so z. B. in den Acten des eben erwähnten northumbrischen Concils. Schon daraus folgt, dass auch die Reichstagsprotocolle von Schreibern des Erzbischofs geschrieben werden.[3])

Nur diese Protocolle sind wirklich öffentliche Documente. Der Gegensatz zwischen öffentlichen und privaten Urkunden besteht auch bei den Angelsachsen, aber er deckt sich bei ihnen nicht mit dem Gegensatz zwischen Königsurkunden und Privaturkunden. Denn dieser Gegensatz ist bei ihnen gar nicht vorhanden, es giebt keine angelsächsischen Königsurkunden, sondern nur Urkunden von Canterbury und Worcester, von Abingdon und Evesham u. s. w., die im Namen des Königs ausgestellt sind.

Unter den Gründen, die das Entstehen einer Kanz-

---

[1]) Ausserdem in c. d. 185 und 1024.
[2]) Bericht der Legaten an den Pabst, bei Haddan and Stubbs III 448: scripsimus namque capitulare de singulis rebus, et per ordinem cuncta disserentes, auribus illorum (der northumbr. Bischöfe, darunter der Erzb. von York) pertulimus; qui etc. spoponderunt se in omnibus obedire.
[3]) Wir haben nur zwei Protocolle, die allein Reichstagsbeschlüsse enthalten, c. d. 87 und 99, und beide sind verdächtig.

lei verhindert haben, steht der Mangel eines Vorbildes obenan. Als die Angelsachsen Britanniens Boden zu bleibender Niederlassung betraten, war das römische Wesen dort längst untergegangen, war die römische Verwaltung zerstört, Anarchie eingetreten.[1]) Unter diesen Umständen konnte sich ein Institut wie das Notariat und die Kanzlei nicht halten, es musste mit dem letzten römischen Beamten aus dem Lande verschwinden.

Und selbst wenn die Angelsachsen ein ausgebildetes Urkundenwesen und eine Kanzlei vorgefunden hätten, so hätten sie sich doch zunächst beides nicht zu eigen machen können. Diese, in den einfachsten Verhältnissen lebenden Ansiedler brauchten keine Urkunden, für sie genügten die alten symbolischen Gebräuche bei Landübertragungen vollkommen. Nicht aus dem Bedürfnis des Volkes sind die Urkunden hervorgegangen, sie sind eine künstliche Schöpfung der Geistlichkeit[2]), die dadurch dem Heidentum die durch die Symbole gebotene Stütze entziehen, andererseits die ihr zufallenden grossen Schenkungen durch schriftliche Aufzeichnung besser sichern wollten als dies ohne solche möglich war.[3]) Aber diese Aenderung in den ursprünglichen Verhältnissen konnte nicht die Bildung einer Kanzlei veranlassen wegen der Beschaffenheit des angelsächsischen Königtums. Die Existenz einer königlichen Kanzlei ist der Ausdruck dafür, dass der König der Mittelpunkt des Staates ist. Wie weit aber ist der angelsächsische König in unserer Periode von einer solchen Stellung entfernt! Sehr wichtige Hoheitsrechte fehlen ihm, sein Einfluss auf die Verwaltung ist gering, er ist wesentlich nichts weiter als Herzog, die meisten seiner Rechte sind

---

[1]) Lappenberg, Gesch. von England I 59, 63.
[2]) Dieser Ursprung der Urk. ist gar nicht zu verkennen, man denke nur an die ausschliesslich geistliche Poenalformel. vgl. c. d. introd p. VII, LXV.
[3]) Vgl. c. d. 157: Si ea quae secundum decreta canonum ac statuta synodalia salubriter definiuntur, quamvis sermo solus ad testimonium sufficere possit, attamen ob incertam futurorum temporum conditionem firmissimis scripturarum indiciis et cautionum cyrographis sunt roboranda. Kein Gedanke findet sich in den Arengen häufiger, als der hier zu Grunde liegende.

nur finanzieller Natur.¹) Ausserdem ist er der Vertreter des Volks bei gewissen rechtlichen Acten, aber er ist darum nicht etwa befugt, von sich aus solche Acte, z. B. die Uebertragung von Volkland, vorzunehmen. Wenn der König in den Urkunden darüber als Aussteller genannt wird, so kommt das nur daher, dass er bei dem Acte selbst die handelnde Person ist, dass er dabei im Namen des Volkes die Formel spricht, durch welche Volkland übertragen oder gewisse Privilegien erteilt werden. Die Urkunden sind nicht Verfügungen des Königs, sondern Berichte über gewisse, von ihm vorgenommene Handlungen. Könnte er diese durch einen Vertreter vornehmen lassen, so würde ohne Zweifel dieser und nicht der König als Aussteller der betreffenden Urkunde erscheinen.

In diesen Verhältnissen lag nichts, was zur Schaffung einer Kanzlei hätte führen können.

In den einzelnen Klöstern und Kirchen gab es nichts Entsprechendes. Wie einzelnen Geistlichen die Aufgabe zufiel, Bücher abzuschreiben, so wird es überall einen, bei den grossen Kathedralen vielleicht mehrere Schreiber gegeben haben, die die Urkunden besorgten. Aber dabei ist von einem vollständigen Bureau, von systematischer Arbeitsteilung nicht die Rede, es giebt nicht besondere Dictatoren, Concipisten, Reinschreiber etc., sondern die Urkunde wird von derselben Person entworfen und geschrieben. Man konnte nirgends so viel zu schreiben haben, dass nicht der Schreiber auch die Urkunde hätte entwerfen können, und der Inhalt der Urkunde ist so einfach und einförmig, dass er an den Dictator nur sehr geringe Anforderungen stellte. Eine Ausnahme davon machen nur die Gerichtsurkunden und die Synodalprotocolle, und wenn diese von den Erzbischöfen selbst entworfen werden²), so ist das gewiss auch ein Beweis, dass man selbst in Canterbury keine besonders für diesen Beruf vorgebildeten Dictatoren hatte.

---

¹) Kemble, Sachsen II cap. 2 zählt sie einzeln auf. Sehr lehrreich ist es, damit die Rechte der Reichsversammlung zu vergl. s. das. cap. 6.

²) So c. d 220 und die Acten von Hertford. s. die Stellen oben.

Es ist klar, dass unter diesen Umständen die Entwicklung des Formelwesens in jeder der zahlreichen Kanzleien, wenn dieser Ausdruck gebraucht werden darf, in anderer Richtung erfolgen kann, und man muss sogar fragen, ob nicht der Zufall und das Belieben einzelner Schreiber dabei allein bestimmend gewesen sind, so dass die Aufstellung fester Regeln nahezu unmöglich wäre. Da somit das oben gefundene Resultat von grosser Wichtigkeit für die diplomatische Betrachtung der Formeln ist, so halte ich für angemessen, dasselbe, so gesichert es mir auch erscheint, doch noch einer Probe zu unterziehen. Diesem Zwecke dient die folgende Untersuchung über die Zeugen.

§ 2. Die Zeugen.

Eine Urkunde, die von königlichen Beamten ausgeht, muss wegen des officiellen Charakters, den ihr ihr Ursprung verleiht, grösseres Ansehen vor Gericht geniessen, als eine solche privater Entstehung. Daraus ergiebt sich, dass die Zeugen bald für die Echtheit der Urkunde, bald nur für die Richtigkeit ihres Inhalts einzutreten haben, je nachdem es sich um eine Königs- oder um eine Privaturkunde handelt. Wir werden also indem wir feststellen, welche der beiden bezeichneten Aufgaben den Zeugen zufällt, zugleich ermitteln können, ob den vom angelsächsischen Könige ausgestellten Urkunden ein Vorzug vor Gericht zusteht, der die Entscheidung allein von ihrer Echtheit abhängig macht, und ob demgemäss ihre Herstellung Sache königlicher Beamter ist. Dabei ist zuerst die Vorfrage zu erledigen, ob die Urkunden überhaupt irgend welche Bedeutung im Processe haben.

Dass dies der Fall ist, folgt schon aus der Bezeichnung der Urkunde als cartula testimonii[1]), sodann aber daraus, dass der Besitzer eines Landbuches für den Eigentümer des darin verzeichneten Landes gilt. Dieser Satz ist z. B. aus c. d. 104b zu entnehmen, wo

---

1) C. d. 137, 232 u. öfter.

von einem langwierigen Streite die Rede ist, der darauf
beruht, dass jede Partei ein Landbuch über dasselbe
Stück Land besitzt. Er ergiebt sich ferner daraus,
dass Erzbischof Wulfred die Aebtissin Quoenthrytha,
die ihm zwar das versprochene Land, aber nicht die
Urkunden darüber übergeben hat, des Vertragsbruches
bezichtigen kann[1]), und dass die Verweigerung der
Landbücher als Verweigerung des Landes bezeichnet
wird[2]). Demgemäss sprechen die Gerichte bei Besitz-
streitigkeiten das Land demjenigen zu, der die Bücher
hat. Als Bynna dem Bischof von Worcester 5 manentes
wegnimmt, trägt dieser seine Ansprüche den Witan,
dem höchsten Gerichtshof des Landes, vor et fiducialiter
incmetanterque confirmavit cum testimonio scripturarum illarum quae A. rex ante in aeternam liber-
tatem suis processoribus praescripsit, und die Witan
sprechen ihm darauf das Land zu[3]). Sehr lehrreich
ist ein anderer Fall[4]). Aethelbald von Mercien schenkt
der Christkirche zu Canterbury das Kloster Cookham
mit dem dazu gehörigen Lande. Aber die inscriptiones,
die Landbücher, werden später gestohlen und kommen
in die Hände Cynewulfs von Wessex, der sich nun sofort
des Klosters und des Landes bemächtigt. Die Erzbischöfe
bringen die Sache wiederholt vor die Witan, jedoch ohne
Erfolg. Cynewulf gab dann zwar die Bücher zurück,
aber das Kloster hatte sich inzwischen Offa v. Mercien
angeeignet, und gegen diesen mächtigen Herrscher ver-
mochte der Erzbischof, obwohl er nun die Bücher hatte,
nichts auszurichten. Offa behielt vielmehr das Kloster
ohne Bücher und hinterliess es seinen Erben ohne das
Zeugnis der Bücher, wie die Urkunde wiederum und
als erschwerendes Moment hervorhebt. Erst unter
Offa's Nachfolger dringt der Erzbischof durch. Er legt

---

[1]) C. d. 220: Sed statim ista praedictae reconciliatio con-
fracta est quia XII mensibus istius praenominatae terrae III manen es
abstractae sunt librosque XLVII manentum in tribus locis reddita
non fuerunt.

[2]) Das. (abbatissa) suam insipientiam confessa est retardate
reconciliationis hoc est illius terrae quam ante negaberat. Oben
war nur von Einbehaltung der Bücher gesprochen.

[3]) C. d. 164.   [4]) C. d. 1019.

die Urkunde den Witan vor, und diese sprechen der Kirche das Kloster cuius inscriptiones in suo gremio habebat, zu. Hier tritt die Bedeutung der Urkunden wiederholt deutlich hervor, und dieselbe wird nicht dadurch zweifelhaft, dass die Entscheidung in anderen Fällen durch Eid oder Zeugen herbeigeführt wird. Das Letztere aber führt uns sogleich zu unserer Hauptfrage: sind die Zeugen Handlungs- oder Urkundungszeugen?

Brunner, der sich bisher allein mit dieser Frage beschäftigt hat[1]), erklärt sie für Handlungszeugen, und mit Recht. Die Urkunden liefern für diese Ansicht zahlreiche Beweise. „Huius autem rei ita gestae hi fideles testes aderant et conscripserunt" heisst es in c. d. 165 und anderen Urkunden. Ebenso werden in c. d. 220 die Zeugen als testes huius reconciliationis bezeichnet, als Zeugen der Handlung also, und ebenso ist es, wenn Coenwulf sagt: liberabo quoque terram istam sub testimonio illorum quorum nomina praescripta liquescunt[2]). Die Handlung des liberare wird vor Zeugen vorgenommen. Zu diesen Beispielen, deren Zahl sich leicht vermehren liesse, kommen die Angaben einiger Urkunden über die Zwecke, die mit der Nennung der Zeugen verbunden werden. De quibus omnibus supradictis ac a me definitis, ut ne aliquis in posterum sit adversitas, propria manu signum sanctae crucis expressi et . . . Th. archiepiscopum nostrum ut subscriberet rogavi et alios testes similiter, sagt Eadric von Kent in c. d. 27. Die Zeugen sollen nicht die Echtheit der Urkunde, sondern den Inhalt derselben bezeugen. Ganz dasselbe ergiebt sich aus einer Reihe anderer Urkunden[3]), von denen ich nur noch anführe c. d. 52: porro ut firmior huius donationis largitio iugiter servaretur etiam testes adiunximus quorum nomina subter tenentur inserta, und c. d. 137 ad confirmandum vero huius antedicti telluris donationem testium etc. signa et nomina in hac cartula testimonii infra conscribta adnotabo. Die Schenkung wird bezeugt, nicht die Echtheit des darüber aufgenommenen Dokumentes.

---

[1]) Zur Rechtsgesch. I 160 ff.
[2]) C. d. 215.
[3]) C. d. 43, 52, 78, 91, 105, 108, 121, 122 u s. w.

Nur wenige Urkunden machen Ausnahmen, und auch diese nur scheinbar[1]). In c. d. 1033 und 1035 verschwinden die Urkundungszeugen, sobald man in den betreffenden Worten[2]) die Interpunction statt vor deinde vor sub setzt. Dass das caraxare vor Zeugen geschehen sei, soll aber gewiss nicht gesagt werden, vielmehr ist gemeint, dass die Urkunde von den als Zeugen anwesenden Bischöfen und proceres unterzeichnet worden sei. Präcision des Ausdrucks war nicht Sache der angelsächsischen Urkundenschreiber, wie ein Blick in den cod. dipl. zeigt. Die vorgeschlagene Abweichung von Kemble ist aber nicht nur möglich, sondern auch nötig. Denn wenn wirklich das principium scedulae vor diesen Zeugen niedergeschrieben wäre, so müssten sie alle sich an einem entfernten Orte[3]) wieder zusammengefunden haben, um die Urkunde zu unterschreiben, was doch nicht ganz unbedenklich ist. Vor allem aber muss man fragen: wenn wirklich die Zeugen die Echtheit der Urkunde verbürgen, weshalb unterschrieben sie dann nicht nachdem das principium scedulae ausgefertigt war? Denn nur ein Umstand konnte bewirken, dass der Schreiber sich unterbrach, das ist die ihm fehlende Kenntnis der Grenzen des geschenkten Landes. Er schrieb also bis zu den Grenzbestimmungen, d. h. die ganze eigentliche Urkunde, denn die Grenzbestimmungen sind zwar ein unentbehrlicher Bestandteil jeder Urkunde, stehen aber äusserlich oft in gar keinem Zusammenhange mit derselben, sondern werden hinter den Unterschriften angebracht. In c. d. 1035 ist in der That noch zu erkennen, dass die Unterbrechung an der bezeichneten Stelle eingetreten ist. Der Schreiber des principium scedulae schloss mit den Worten: Hi sunt

---

[1]) Eine wirkliche Ausnahme ist c. d. *987, die Urk. ist aber unecht.

[2]) Principium autem huius scedulae scriptum est quando Ecgbertus rex exercitum Gewissorum movit contra Brettones ubi dicitur Criodantreow; anno etc. sub testimonio episcoporum ac procerum suorum quorum nomina in fronte (superficie c. d. 1035) huius cartulae ascripta inferius leguntur: deinde istius agelluli privilegii syngrapha caraxatum est in Homtune etc.

[3]) Criodantreow ist doch wohl bei Cridiantun, Crediton, zu suchen.

termini XV manentium ad A. pertinentium. Sein Nachfolger übersah, dass diese die Grenzbestimmungen gewöhnlich einleitenden Worte bereits dastanden und schrieb sie daher noch einmal: dhes londes gemêro syndon to A. Wenn also die Zeugen Urkundungszeugen sind, so ist nicht einzusehen, weshalb sie nicht schon in Creodantreow unterschrieben. Betrachtet man sie aber als Handlungszeugen, so ist alles in Ordnung, denn als Handlung ist nicht der Act anzusehen, durch den der König die Schenkung gewährt, sondern die feierliche traditio libelli, durch die die Schenkung vollzogen wird [1]). Wenn hier also aus irgend welchen Gründen die Grenzbestimmungen durchaus in den Text der Urkunden aufgenommen werden sollten, so konnte allerdings die traditio und folglich auch die Unterzeichnung nicht unmittelbar nach der Niederschrift des principium scedulae erfolgen.

Mit mehr Recht dürfte man einen Hinweis auf Urkundungszeugen finden, wenn es bisweilen heisst, die Urkunde sei coram testibus geschrieben worden. Allein von den sechs Urkunden die hier in Frage kommen, sind zwei unzweifelhaft unecht,[2]) zwei andere sehr verdächtig,[3]) und bei den übrigen wird eine andere Auslegung wenigstens zulässig sein. C. d. 1023 ist eine Gerichtsurkunde, und die Worte lauten: hoc coram omni synodo at C. ascribere demandavit (der König), ut nullus successorum eius eum (den Bischof von Selsey) in aliquo molestet vel aecclesiam agitaret sub hoc testimonio quorum nomina caraxata esse videntur. Hier kann man das coram omni synodo zu ascribere oder zu demandavit beziehen, und man muss dem Letzteren den Vorzug geben, weil sonst ohne jeden Grund die Zeugen zwei Mal in demselben Satze erwähnt wären.

So bleibt denn nur noch ein Fall übrig, und es ist daher, besonders wenn wir bedenken, dass oft genug in Urkunden derselben Art actum est coram his testibus

---

[1]) Vgl. Brunner I 153 ff. 160.
[2]) C. d. *73 und *162.
[3]) C. d. *76 und 232. In letzterer Urk. ist gerade der uns hier interessirende Teil nicht in Ordnung, weil er auch die Datirung enthält und zwar mit Angabe des Heiligen des Tages; s. oben S. 19.

oder eine entsprechende Wendung sich findet,[1] von vorn herein unwahrscheinlich, dass wirklich Urkundungszeugen gemeint sind. Da nach dem Wortlaut[2] das conscribere dem confirmare folgt, so ist conscribere wieder einmal als subscribere zu verstehen, und zu übersetzen: diese Bestimmung ist bekräftigt und unterschrieben worden vor Zeugen u. s. w. Es ist aber nicht gemeint, dass die Zeugen sich auf die Unterschrift, etwa des Ausstellers, beziehen. Dergleichen kommt allerdings vor, aber nur in vier Fälschungen, von denen noch dazu drei eng mit einander zusammenhängen.[3] Vielmehr soll gesagt werden, dass die Zeugen unterschrieben haben, und der Ausdruck ist nur durch die Flüchtigkeit des Schreibers entstanden.

Endlich scheint die Formel: scripta est cartula his testibus consentientibus et subscribentibus Urkundungszeugen anzukündigen. Sie ist nicht häufig[4] und ich glaube erweisen zu können, dass sie ihre Entstehung nur der Flüchtigkeit der Schreiber verdankt. C. d. 170 und 171 sind zwei Copien einer Urkunde, die jede auf andere Art von derselben abweichen. C. d. 171 schliesst sich ihr enger an, wie sich namentlich aus dem Hinweis auf eine ältere Schenkung ergiebt, die auf demselben Blatte mit dem Original von c. d. 171 stand.[5] Der Schreiber von c. d. 170 liess diese Bemerkung fort, die allerdings überflüssig war, wenn nicht auch jene ältere

---

[1] C. d. 146, 183, 194, 195, 999 u. öfter.
[2] Haec autem definitio confirmata atque conscripta est eorum testibus quorum hic infra nomina notantur, c. d. 182.
[3] C. d. *213, *221, *1026 und *49. Wenn in c. d. 111 a Sigered mit den Worten unterschreibt: ego S. rex hanc donationem etc. firmavi coram B. archiepiscopo, so ist das nur eine ehrende Hervorhebung des Erzbischofs, die auch sonst mit der Ankündigung der Zeugen verbunden wird, c. d. 27, 43 etc.
[4] Ich stelle die Fälle vollständig zusammen: c. d. 55, *130; c. d. 124 (für Aethelburge) 198 (für Rochester) 223 (dgl.) 224 (Aetheric) 234 (Liming) 239 (Rochester) 1031 (Wulfhard) 1036 (Peter und Paul, Winch.) 1037 (dgl.) 1038 (dgl.) 1041 (Canterbury). Die Urk. für Rochester und Winchester dürften von je einem Schreiber herrühren. Bei denen für Winchester spricht dafür auch die Uebereinstimmung der Formeln, in denen die Worte vorkommen.
[5] hanc praenominatam terram. Die terra ist bis zu der Stelle in c. d. 171 noch gar nicht vorgekommen.

Urkunde abgeschrieben wurde. Ueberhaupt ist c. d. 170 kürzer gefasst, der Text des Originals wird zusammengezogen; die Dispositio z. B. die in c. d. 171 aus zwei Sätzen besteht, in einen. Nun heisst es in c. d. 171: hoc gestum est in celebre monasterio quod Saxonice nominatur act B. Et hii testes adfuerunt quorum hic nomina et signa tenentur. Dafür sagt c. d. 170: hoc gestum est in celebri vico qui Saxonice vocatur act B. his testibus consentientibus. Wir dürfen schliessen, dass auch unser scripta est cartula his testibus consentientibus nur durch Zusammenziehung zweier garnicht zusammengehöriger Formeln entstanden ist. Es braucht dies nicht das Werk späterer Copisten zu sein, auch die Schreiber der Originale mögen auf diese Art sich ihre Arbeit verkürzt haben. Dabei wird zumeist die Datirung mit der Zeugenankündigung verbunden, in c. d. 239 jedoch die Ortsangabe, in c. d. 224 aber gar die Comminatio. Nur die Nachlässigkeit oder die Unbeholfenheit der Schreiber ist Schuld daran, dass die beiden Formeln dabei in einer Beziehung erscheinen, die ihnen fremd ist. Wie könnte sonst in c. d. 240b gesagt werden: pro ampliore itaque confirmatione iterum adducta est haec scedula coram A. rege etc. his testibus cons. et stubs.? Die Vorlegung der Urkunde brauchte doch gewiss nicht in Gegenwart von Zeugen zu erfolgen, wohl aber die Bestätigung, und so will der Schreiber in jenem confusen Satze jedenfalls sagen: die Urkunde wurde vorgelegt und vor Zeugen bestätigt.

So ist denn gewiss, dass wir nie Urkundungszeugen finden, vielmehr nur Handlungszeugen nachweisen können. Daraus folgt, dass auch da, wo über die Zeugen nichts weiter gesagt wird, Handlungszeugen anzunehmen sind. Die angelsächsische Königsurkunde erweist sich daher auch von dieser Seite als Privaturkunde. Sie hat daher keinerlei Vorzüge vor Gericht, auch wo Urkunden vorhanden sind, wird doch zuweilen durch Zeugen oder Eid entschieden.[1] Darum bedarf es auch keines durch amtliche Verpflichtung glaubwürdigen Schreibers, darum schützt man auch die Urkunden nicht durch Kanzlerunterschrift und Handmal, durch Recognitionszeichen und Siegel[2] gegen

---

[1] Das Nähere bei Brunner S. 203 ff.
[2] Ueber die Bedeutung von Sigillum s. c. d. Introd. p. CI.

den Vorwurf der Unechtheit. Es kommt eben nicht
darauf an, die Urkunde zu sichern, sondern anderweitige
Beweise für die Handlung zu schaffen. Die Zeugen
stehen dabei in erster Reihe.

Da die Untersuchung über die Zeugen nun einmal
vorweggenommen werden musste, so soll sie hier auch
gleich zu Ende geführt werden, obgleich der Zweck, dem
sie dienen sollte, erreicht ist.

Von den Gerichtsurkunden sind diejenigen, welche
vor Gericht abgeschlossene Vergleiche enthalten, den
Landbüchern völlig gleich zu achten. Die im Besitz des
bestrittenen Gutes befindliche Partei überträgt der anderen
einen Teil desselben oder ein anderes Stück Land. Diese
Uebertragung wird von den Parteien beurkundet, die
Zeugen sind homines qui cum totius synodalis auctoritate
huius reconciliationis testes adfuerunt.[1]) Kurz es sind
Handlungszeugen, wie bei ganz gewöhnlichen Landbüchern.

Bei denjenigen Urkunden aber, durch welche der
Spruch des Gerichts fixirt wird, erwartet man zunächst, in
den Unterschreibenden die Mitglieder des Gerichts zu
finden, welche durch ihre Unterschrift die Urkunde beglaubigen.
Dem ist jedoch nicht so, die Unterschreibenden
sind vielmehr wirkliche Zeugen. Man muss dies, um von
anderen Urkunden zu schweigen, aus c. d. 218 schliessen.
Bei einem Streite zwischen dem Bischof v. Worcester und
dem Kloster Berkley lautet das Urteil dahin, dass der
Bischof siegen solle, wenn er einen Eid leisten könne.
Der Bischof ist dazu bereit und schwört den Eid
30 Nächte nach der Gerichtsverhandlnng. Die Unterschreibenden
sind offenbar die Witan des Reichs, dieselben,
vor denen der Process verhandelt worden war,
und die das Urteil gefällt haben.[2]) Sie werden aber als
Zeugen der Eidesleistung bezeichnet.[3]) Daraus folgt,

---

[1]) C. d. 220.
[2]) Die Verhandlung erfolgt vor einem ;pontificale et sinodale conciliabulum, wo zugegen waren omnes episcopi nostri et abbates et universi Mercensium principes et multi sapientissimi viri. Es unterzeichnen die Bischöfe, mehrere Aebte und duces und einige meist nicht näher bezeichnete Personen.
[3]) Haec (die Eidesleistung) autem gesta sunt. Hii sunt testes et confirmatores huius rei quorum nomina hic infra notantur.

dass sie nicht die Urkunde bestätigen, sondern durch ihre Unterschrift sich verpflichten, gegebenen Falles über den Ausgang des Processes Zeugnis abzulegen. Es liesse sich sonst auch garnicht begreifen, weshalb die Urkunde nicht gleich nach der Gerichtsverhandlung, sondern erst nach der den Process entscheidenden Eidesleistung unterschrieben worden ist. Dass grade die Witan Zeugen sind erklärt sich aus dem unten eingehender zu erörternden Bestreben, möglichst hochstehende Personen zu Zeugen zu nehmen.

In den Protocollen der Synoden und Witenagemote dagegen dienen die Unterschriften zur Bestätigung, zur ausdrücklichen Anerkennung des Inhalts.[1]) Sie werden daher nur von den Teilnehmern der Verhandlungen unterschrieben, wie sich daraus ergiebt, dass einige Protocolle über Synodalverhandlungen nur von Geistlichen unterzeichnet sind.[2]) Wenn sie in anderen Fällen auch die Unterschriften von Laien tragen, so beruht das auf der bereits erwähnten Gewohnheit, die Beschlüsse der Synoden und der Reichsversammlungen zu vereinigen.

Bei der grossen Bedeutung, die den Zeugen zukommt, fehlen sie niemals. Die Urkunden, welche keine Zeugen nennen, sind in verstümmelter Form überliefert,[3]) wie sich bisweilen deutlich erkennen lässt. In c. d. 124 z. B. heisst es: haec cartula scripta est etc. his testibus

---

[1]) S. c. d. 1024: Haec sunt nomina sanctorum episcoporum et venerabilium abbatum et presbyterorum et diaconum qui cum totius sancte synodi consensu pro confirmatione praedictae rei signum sanctae crucis subscripserunt.
[2]) C. d. 185 und 1024. Die Urk. sind im Original erhalten, Stubbs in den councils etc. III 544 n. a und 547. Cameron Taf. 7. Nach Kemble, Sachsen II 173 N. 2 und 189 f haben der König und die gesammten Witan bei der Regelung kirchlicher Angelegenheiten mitzuwirken, so dass also die citirten Urk. nicht von allen Beteiligten unterschrieben wären, wie ich annehmen muss. Aber die von ihm beigebrachten Stellen gehören teils der späteren Zeit an, teils beziehen sie sich gar nicht auf Synoden, sondern auf Witenagemote.
[3]) Eine Ausnahme machen nur einige Testamente, c. d. 175 b, 226, 229, 230. Der Grund ist einfach der, dass Zeugen nur vorhanden sein können, wenn wirklich die Urkunde übergeben worden ist. Dies fand aber bei Testamenten nicht immer statt. S. Brunner I 199 ff.

confirmantibus, während uns nur eine Unterschrift vorliegt, und dergleichen findet sich öfter.¹)

Wie gross die Zahl der Zeugen sein muss, ist nicht überliefert, aber eine bestimmte Zahl ist erforderlich.²) Auch werden von den Zeugen bestimmte Eigenschaften verlangt. Ursprünglich kam es wohl nur auf die persönliche Freiheit des Zeugen an, dann aber treten moralische Eigenschaften, die Glaubwürdigkeit des Zeugen, in den Vordergrund. Fideles oder religiosi testes werden sie genannt.³) Da die Unterschreibenden nichts weiter als Zeugen sind,⁴) so können wir feststellen, wie man diesen Ansprüchen genügte, welche Personen man zu Zeugen nahm.

Oft wird angegeben, oder darf aus der Zahl und dem Range der Zeugen geschlossen werden, dass es die Witan sind.⁵) Es kam auch vor, dass nur ein Teil derselben der Urkundentradition beiwohnte, und die Zahl der Unterschriften ist manchmal so klein, dass man ohne die Hilfe anderer Angaben gar nicht vermuten könnte, dass die Urkunden bei Gelegenheit einer Reichsversammlung unterzeichnet sind.⁶) Es dürfte dies aber doch bei den meisten der Fall sein. Die Destinatäre sind vorwiegend Bischöfe, Aebte und andere Grosse, und da diese durch die Witenagemote Gelegenheit hatten, sich dem Könige zu nähern, so brauchten sie nicht, um einige Zeit früher in den Besitz des Landes etc. zu kommen, eine beschwerliche Reise zu unternehmen. Da ausserdem die Könige im Lande umherzogen,⁷) so konnte man überhaupt eine solche Reise nur auf die Gefahr hin unter-

---

¹) C. d. 232, 998, 1009, 1015, 1032 etc.
²) testes competenti numero ut subscriberent rogavi, c. d. 35, ebenso c. d. 105.
³) C. d. 104 a, 116 b, 165 und c. d. 108, 109, 113 etc.
⁴) S. unten über Consens und Unterschrift.
⁵) C. d 90, 96, 121, 122, 131, 133, 137, 138, 188, 207 etc.
⁶) C. d. 1033 und 1035 sind an demselben Orte und Tage unterzeichnet, 1033 von zwei Bischöfen und drei praefecti, 1035 von 3 Bischöfen, zwei duces, vier praefecti, und die Worte: „+ signum manus universorum optimatum regis E. hoc confirmaverunt" lassen erkennen, dass noch mehr Unterschriften dawaren, die der Abschreiber nicht aufnehmen wollte.
⁷) Kemble, Sachsen I 124.

nehmen, den König nicht zu finden. Auf den Reichstagen durfte man ihn mit Sicherheit erwarten, und da dieselben einige Zeit vorher angesagt werden mussten, so wurden Ort und Zeit im ganzen Lande bekannt, sie boten daher auch für geringere Leute die beste Gelegenheit, sich ihre Urkunden tradiren zu lassen.

Sonst geschah dies in Gegenwart der angesehensten Personen, die erreichbar waren.[1]) Es sind Grosse des Reichs, die sich zufällig beim Könige aufhalten,[2]) oder die Mitglieder des königlichen Gefolges und die Hofbeamten.[3])

Zeugen niederen Ranges finden wir in einigen Urkunden, die auf Witenagemoten unterzeichnet sind.[4]) Dorthin kamen auch niedere Geistliche als Begleiter und Ratgeber der Bischöfe und Aebte, und wenn sie dann einer Urkundentradition beiwohnten, so hatte man keine Veranlassung, sie von der Unterzeichnung auszuschliessen. Sonst bediente man sich solcher Zeugen nur, wenn eben andere nicht zu haben waren. So sind einige Bischofsurkunden von Mitgliedern der Domcapitel unterzeichnet.[5]) Sie enthalten Schenkungen der Bischöfe an die Capitel oder an Personen geringeren Ranges, die vor den Witan zu vollziehen offenbar sehr unbequem gewesen wäre. Aber wenigstens in einem dieser Fälle zog man doch noch einen benachbarten Bischof hinzu,[6]) und ein anderes Mal wurde die Urkundentradition vor dem Könige und den um ihn versammelten Grossen wiederholt und die Urkunde von ihnen unterschrieben.[7])

---

1) Eine freilich unechte Urkunde sagt gradezu, die Unterschreibenden seien die „principes qui ad praesens haberi possunt," c. d. *8.
2) C. d. *15, 79, 168. 194, 201 etc.
3) C. d. 85, 86, *148, *149, 234, 1027. Kembles Ansicht, c. d. introd p. XCII. dass die Mitglieder des Hofes very generally Zeugen gewesen seien, ist für die ältere Zeit unerweisbar.
4) Z. B. c d. 234 und 240a.
5) C. d. 181, 182, 189, 195, 200, 1032.
6) C. d. 195.
7) C. d. 189. Solche testes subrogati posterioris temporis, wie sie wohl heissen, finden sich auch in anderen Urkunden, (c. d. 36, 71.) An dergleichen könnte man auch denken, wenn der König zwei Mal unterschreibt (c. d. 35, 116b.) Aber in diesen Fällen unterschreibt er ein Mal an der Spitze der Geistlichen, ein Mal an

Man legte offenbar grosses Gewicht darauf, vornehme Zeugen zu haben, und ich möchte daher annehmen, dass auch diejenigen Zeugen, deren Stand nicht angegeben wird, Männer höheren Ranges sind. Ausnahmen mögen allerdings vorkommen; lässt sich doch nicht einmal mit voller Sicherheit sagen, ob diese untitulirten Zeugen Laien oder Geistliche sind.

Meistens sind es wohl Laien. In der Regel nämlich werden alle Zeugen ihrem Range nach bezeichnet, oder nur die hohen Geistlichen, und in einigen Fällen der letzteren Art lässt sich wahrscheinlich machen, dass die Zeugen ohne Titel Laien sind. Wir finden nämlich bisweilen solche Unterschriften hinter der Signa einer grossen Zahl von Bischöfen und Aebten, so dass sie nur von Laien oder niederen Geistlichen herrühren können, und da ist es nach dem, was soeben über die Letzteren bemerkt ist, wahrscheinlicher, dass wir es mit weltlichen Grossen zu thun haben. In einer solchen Urkunde lässt sich dies sogar beweisen. Es wäre nämlich in c. d. 116 b. schlechterdings nicht zu erklären, weshalb König Coenwulf, der einmal an der Spitze der Bischöfe unterschreibt, an der Spitze der unteren Geistlichkeit seine Unterschrift hätte wiederholen sollen, während die Erklärung keine Schwerigkeit macht, wenn wir die untitulirten Zeugen für Laien halten. Ferner spricht für unsere Annahme, dass zuweilen hinter den Unterschriften der Geistlichen die eines Laien mit Titel folgt und dann Namen ohne Titel.[1]) Das sieht ganz so aus, als ob der Schreiber beabsichtigt hätte, anzudeuten, wo die Laienunterschriften anfangen, während er zugleich darauf verzichtete, die Rangstufe eines Jeden zu bezeichnen. Um noch auf einige einzelne Fälle einzugehen, so ist der in c. d. 100 unterzeichnende Heardberht höchst wahrscheinlich der in anderen Urkunden nachweisbare Bruder Aethelbalds von Mercien.[2])

---

der Spitze der Laien, und Kemble führt dies, Sachsen II 178, wohl mit Recht darauf zurück, dass auf den Witenagemoten Geistliche und Laien zwei getrennt berathende Abteilungen bilden, der König aber zu beiden gerechnet wird. Dieses Verhältnis wird durch die Wiederholung der Unterschrift angedeutet.

[1]) C. d. 114, 152, 170, 175 etc.
[2]) C. d. 80, 83, 87, 89, 91.

Er unserschreibt unter einer grossen Zahl von Zeugen, die zwischen den Bischöfen und Aebten aufgeführt werden und deshalb für Ealdormanen zu halten sind.[1]) Und gerade als dux, als Ealdorman, wird Aethelbalds Bruder in c. d. 80 bezeichnet. Ein Beweis dieser Art lässt sich öfter führen;[2]) ganz sicher ist er nicht, da Identität der Namen noch nicht Identität der Personen beweist.

Andererseits muss bemerkt werden, dass keine Urkunde untitulirte Zeugen nennt, von denen es wahrscheinlich ist, dass sie geistlichen Standes sind[3]). Ferner lässt sich für die Laienunterschriften erweisen, dass sie hinsichtlich der Titel von den Abschreibern nicht immer sorgfältig behandelt worden sind. C. d. 170 und 171 sind, wie erwähnt, zwei Copien derselben Urkunde. In beiden werden die Geistlichen mit Titel aufgeführt, während dann aber in c. d. 170 auch der erste unter den weltlichen Zeugen seinem Range nach bezeichnet ist, wird in c. d. 171 nur einfach sein Name genannt. Eine solche Verstümmelung ist in ähnlichen Fällen wohl öfter vorgekommen, aber unsere Regel über die Anwendung der Titel wird dadurch nicht erschüttert, weil es auch Originale giebt, die auch nur bei einem Teile der Zeugen, eben bei den Geistlichen, die Titel angeben[4]).

Diese Auszeichnung der Geistlichen deutet darauf hin, dass man auf ihr Zeugnis grösseres Gewicht legte, als auf das der Laien. Dafür spricht auch, dass nur in sehr wenigen Fällen die Unterschriften von Geistlichen, namentlich von Bischöfen, fehlen[5]), während die Unterschriften von Laien weit häufiger zu vermissen sind. Auch in der die Zeugen ankündigenden Formel, die sich in dem grössten Teile der Urkunden findet, werden nur

---

1) S. unten über die Reihenfolge der Zeugen.
2) S. die Unterschriften Aethelrics c. d. 69, 80, 83, 91, 100.
3) Der Zeuge Brunhard in c. d. 200 ist vermutlich das Mitglied des Clerus von Canterbury, das in c. d. 220 und 225 vorkommt, aber c. d. 200 ist überhaupt nur von Geistlichen unterschrieben, während es sich hier um die Frage handelt, ob die geistlichen Zeugen von den weltlichen durch Anführung ihres Titels unterschieden werden.
4) C. d 189 (Ancient charters, Bl. 16) 47 (das Bl. 4) etc.
5) C. d. *10, *15, 16, *30, *37, 85, 135, 168, 179a, 194.

die höchsten geistlichen Würdenträger noch besonders hervorgehoben[1]), Laien aber nur in Fälschungen[2]).

Diese Wertschätzung der geistlichen Zeugen wird auf einer Bevorzugung derselben vor Gericht beruhen. Wihtred von Kent bestimmte, dass das Wort des Bischofs wie das des Königs nicht solle überschworen werden können[3]), und wenn dabei wohl auch zunächst an Processe gedacht ist, in denen der Bischof selbst Partei war, so wird ihm doch gewiss, was ihm in eigener Sache zustand, in fremder nicht versagt gewesen sein. In entsprechender Abstufung, dürfen wir vermuten, war auch die übrige Geistlichkeit, wenigstens die höhere, in dieser Hinsicht privilegirt.

Die grosse Bedeutung der geistlichen Zeugen tritt auch noch auf andere Art in den Unterschriften hervor; bevor ich aber darauf eingehe ist es nöthig, die Liste der in den Unterschriften vorkommenden Personen zu vervollständigen.

Gar nicht selten findet sich die Unterschrift von Frauen. Dass dieselben wirklich Zeugen gewesen sind ist nicht denkbar und wird uns auch nur von zwei Fälschungen zu glauben zugemutet[4]). Wir finden vornehmlich die Unterschrift der Königin[5]), in einigen Fällen die von Aebtissinnen und ihren Begleiterinnen[6]), endlich die von Prinzessinnen[7]). Schon Lingard[8]) und nach ihm Kemble[9]) haben diese Unterschriften wohl richtig auf folgende Weise erklärt. Aebtissinnen finden sich auf den Reichstagen ein, um, wenn über die Inter-

---
[1] C. d. 1, 27, 43, 109 etc.
[2] C. d. *21, *26, *984, 998. C. d 998 hält Kemble für echt, die Urkunde hängt aber inhaltlich mit den Fälschungen c. d. *45 und *46 zusammen und dies in Verbindung mit der erwähnten Formel macht sie sehr verdächtig. — Wenn die Unterschrift des Ausstellers in derselben Art angekündigt wird, so kann das nicht als Ausnahme gelten.
[3] Wihtred, § 16, bei Schmid, Gesetze der Angelsachsen
[4] C. d. *31 und *44.
[5] C. d. 43, 47, 119, 121, 122, 123, 138 etc.
[6] C. d. *44, *163, 196, 220, *1017.
[7] C d. 151, 198, *984, *1017.
[8] The history and the antiquities of the Anglo-Saxon church I 239 N 2.
[9] Sachsen II 168 f.

essen der Geistlichkeit verhandelt wird, ihren Einfluss geltend zu machen[1]), oder wenn sie in einen Process verwickelt sind. Aehnliche Veranlassungen mochten sie auch sonst in die Nähe des Königs führen, und wenn dann in ihrer Gegenwart eine Urkunde unterzeichnet wurde, so verstand es sich von selbst, dass man auch ihre Unterschrift erbat. Dies geschah aber nur, um ihnen eine Höflichkeit zu erweisen, und so sind auch die Unterschriften anderer Frauen zu erklären. Wenn man der Königin, sagt Kemble, eine Urkunde zur Unterschrift vorlegte, so war dies eine Höflichkeit für sie nicht weniger als für denjenigen, welchen sie durch ihre Unterschrift ehrte. In späterer Zeit, namentlich unter den mächtigsten der älteren angelsächsischen Könige, Offa und Coenwulf, werden die Unterschriften der Königinnen häufiger. Daraus folgt aber nichts weiter, als die auch sonst erweisbare Thatsache, dass die Reichstage immer häufiger an einem und demselben Orte abgehalten wurden, jedenfalls dem Lieblingsaufenthalt des Königs, wodurch sich die Anwesenheit der Königin, erklärt.

Auf den Synoden und Reichstagen trafen sich, wenn wichtige Angelegenheiten zur Beratung standen, wie die Bischöfe, so auch die Könige verschiedener Reiche, und daraus erklärt es sich, dass einige Urkunden die Unterschriften fremder Fürsten aufweisen[2]). Dazu konnte auch sonst Veranlassung sein, z. B. bei Besuchen benachbarter Herrscher. So finden wir unter einer Urkunde Ekfriths von Mercien die Unterschrift seines Schwagers Beorhtric von Wessex[3])

Ueber die Unterschriften der Oberkönige und der Kenter Teilherrscher in den Urkunden ihrer Unter- und Mitkönige wird weiter unten das Nötige beigebracht werden.

Es ist Regel, dass der Aussteller unterschreibt, aber seine Unterschrift hat als solche gar keinen Wert.

---

[1]) So Aelfleda, Eddius: Vita Wilfridi, cap. 57 und 58, bei Gale: Historiae britannicae etc. scriptores XV, Oxon. 1691.
[2]) C. d. 100, 196, 198 etc.
[3]) C. d. 170 und 171. Ebenso c. d. 995 und 1000, wo ein wessexischer Prinz sussexer Urkunden unterschreibt.

Er unterzeichnet nur, weil er bei der Urkundentradition zugegen ist und man nicht gut unterlassen kann, sein Signum zu erbitten. Als testis wird Coenwulf einmal ausdrücklich in seiner Unterschrift bezeichnet[1]), und auch in der Ankündigug der Unterschriften wird die des Ausstellers denen der Zeugen vollständig gleichgestellt[2]). Daher legte man auch keinen Wert darauf, Privaturkunden von den Königen unterzeichnen zu lassen[3]), und von denen, welche diese Unterschrift haben, ist der grösste Teil auf Reichstagen unterzeichnet[4]).

Wenn die Unterschrift des Ausstellers fehlt, so müssen wir Verstümmelung der Urkunde annehmen. Eine solche liegt offenbar vor in c. d. 71, wo sich, abgesehen von den testes subrogati, nur eine Unterschrift findet, ebenso in c. d. 999, 1010 b, 1013 mit je einer oder zwei Unterschriften. Wir dürfen daher dasselbe für die anderen Fälle annehmen, allein c. d. 240 a ausgenommen. Dies ist, wie erwähnt, ein Vertrag, durch welchen Ekbert und Aethelwulf von Wessex dem Erzbischof von Canterbury ein Stück Land überlassen, während dieser sich zu Treue und Freundschaft verpflichtet. Die Verhandlungen fanden statt auf einem Reichstage, wo zugegen waren C. archiepiscopus ceterique perplurimi episcopi nec non excellentissimi reges nostri E. et A. cum omnibus gentis suae optimatibus. Unterzeichnet haben aber nur der Erzbischof, zwei Aebte, einige Presbyter, Diaconen und Subdiaconen, die wohl zum Capitel von Canterbury gehören. Die Erklärung liegt darin, dass die Urkunde doppelt ausgefertigt worden ist[5]). Nur ein Exemplar brauchte feierlich übergeben zu werden, nämlich dasjenige, durch welches der Erzbischof das Land erhielt, und dieses ist jedenfalls

---

[1]) C. d. 1020. Ebenso c. d. 113 b.
[2]) Z. B. c. d. 47: Ad cuius confirmationem ... signum sanctae crucis expressi et testes idoneos ut subscriberent rogavi. Dass der Aussteller dabei von den anderen Zeugen unterschieden wird ist nur eine ehrende Hervorhebung, die ebenso den Bischöfen zu Teil wird.
[3]) C. d. 109, 131, 182, 228 etc.
[4]) C. d. 35, 165, 183, 186, 220.
[5]) Duasque scripturas per omnia consimiles huius reconciliationis conscribere statuimus.

von den Königen und den Witan unterzeichnet worden. C. d. 240 a aber ist das zweite Exemplar und ist erst nach dem Schluss der Versammlung in Canterbury geschrieben worden. Um wirkliche Zeugen kann es sich hier nicht handeln, da keine feierliche Uebergabe nötig war. Die Unterschreibenden bezeugen durch ihre Unterschrift die Uebereinstimmung dieses Exemplars mit dem ersten, sie beglaubigen die Abschrift. Die Bemerkung: actum etc. his testibus consentientibus qui hanc nostram reconciliationem signo sancte crucis christi confirmantes subscripserunt, ist aus dem ersten Exemplar herübergenommen und gilt nur für dieses.

In etwa zwei Dritteln der Urkunden findet sich auch die Unterschrift des Empfängers. Es kann kein Zweifel sein, dass er ganz ebenso wie der Aussteller nur als Zeuge unterschreibt. Der Begriff des Zeugen ist bei den Angelsachsen nicht in voller Schärfe zu finden. Zeuge ist jeder Anwesende, gleichviel ob er bei der Sache beteiligt ist oder nicht.

Die Erörterung der Reihenfolge der Zeugen und der Unterschriftsformeln, die noch erübrigt, wird durch die Beschaffenheit des Materials erschwert. Die Unterschriften haben für einen späteren Copisten wenig Interesse und werden daher sehr rücksichtslos behandelt. Bei den Titeln der weltlichen Zeugen treffen wir die ersten Spuren davon. Hier ist vor Allem noch zu bemerken, dass selbst willkürliche Entstellungen der Unterschriften vorgekommen sind. Wenn nämlich die Unterschriften im Originale zerstört waren, so trugen die Abschreiber kein Bedenken, sie aus dem Schatze ihres Wissens zu ergänzen, und so haben wir Urkunden mit unechten Unterschriften.[1]) In anderen Fällen wurden ohne jede erkennbare Veranlassung Namen aus späteren Urkunden hinzugesetzt,[2]) an der chronologischen Unmöglichkeit nahm man keinen Anstoss.

Von der Nachlässigkeit der Copisten soll nur noch ein Beispiel gegeben werden. Die Unterschriften von c. d. 32 finden sich in einer verdächtigen Urkunde, c. d.

---

[1]) Z. B. c. d. 87, vgl. Stubbs. in den councils III 342.
[2]) C. d. 1038 hat neben den echten Unterschriften solche des 10. Jahrh. S. Stubbs a. a. O. S. 607.

*33, in derselben Reihenfolge wieder, nur steht der Name des Bischofs Ottfor hier zuletzt, in c. d. 32 aber an dritter Stelle. Der Grund dieser Aenderung kann kein anderer sein, als dass der Fälscher das Signum Oftfors zuerst übersehen hatte und es dann nachträglich hinzusetzte.

Vielfach sind dann Unterschriften weggelassen, auch die Formeln verändert u. dergl. m. Trotzdem ist es nicht möglich, die Untersuchung auf die Originale allein zu begründen, schon weil es nur ein einziges und nicht ganz sicheres Kennzeichen der Originalität giebt, nämlich die Kreuze vor den Unterschriften. Wenn diese von verschiedenen Händen herrühren, so liegt das Original vor; das Gegenteil beweist jedoch nicht, dass wir eine Copie vor uns haben, denn die Kreuze werden nicht immer von den Zeugen selbst gemacht[1]). Es ist also nur selten möglich zu entscheiden, ob das Original oder eine gleichzeitige Abschrift erhalten ist. Letztere indessen dürfen wie Originale behandelt werden, da sie mit Rücksicht auf gelegentliche practische Verwendung angefertigt werden und sich daher gewiss möglichst genau an das Original anschliessen. Aber selbst dadurch kommen wir nur auf 23 Originale für einen Zeitraum von etwa 200 Jahren und verschiedene Kanzleien[2]). Da kann natürlich von ausschliesslicher Benutzung dieser Urkunden nicht die Rede sein. Ich werde immer von ihnen ausgehen, aber auch die Nichtoriginale heranziehen, nur dass ich nicht jede kleine Eigenheit derselben, die in den Originalen nicht nachweisbar ist und auf einem Versehen des Copisten beruhen kann, erwähnen werde.

Aus der Mehrzahl der Originale ergiebt sich für die Reihenfolge das Schema: Der König, die Geistlichen, die Laien. Dann aber finden sich Abweichungen in der Art, dass zuerst der König und der Erzbischof unterschreibt und dann in zwei Reihen neben einander

---

[1]) S. c. d. 240 b, wo mehr Kreuze als Unterschriften sind
[2]) Es sind nach Kemble c. d. 1000, nach den Facsimiles und den Angaben von Stubbs im 3. Bande der councils c. d. 16, 35, 47, 77, 80, 86, 116, 137, 153, 175, 185, 189, 190, 196, 199, 220, 224, 226, 234, 237, 240, 1024.

die Namen der Geistlichen und der Laien folgen[1]). Während aber hier doch noch die strenge Scheidung der Geistlichen von den Laien aufrecht erhalten ist, sind in anderen Fällen die Unterschriften mit Rücksicht auf den Rang der Zeugen zusammengestellt, wobei indessen die Geistlichen den ihnen im Range gleichstehenden Laien vorangehen: es beginnt der König, dann folgen die Bischöfe, duces und principes, Aebte, Diaconen und ministri[2]). Ausnahmen von dieser Reihenfolge werden zu Gunsten sehr hochstehender Personen gemacht. Die Königin, der Sohn des Königs, fremde Herrscher oder Prinzen unterzeichnen unmittelbar nach dem Könige[3]). Andere Mitglieder des königlichen Hauses dagegen werden nicht in dieser Weise ausgezeichnet, sondern einfach unter die Laien eingereiht[4]). Wenn in c. d. 35 Oethilred, ein Verwandter Sebbis von Essex, unmittelbar hinter diesem und vor den Geistlichen unterschreibt. So kommt dies wohl daher, dass er der Aussteller ist und als solcher Anspruch auf eine hervorragende Stelle hat[5]).

Alle anderen Abweichungen beruhen auf Versehen des Schreibers, so wenn einmal der Erzbischof vor dem Könige unterzeichnet,[6]) oder ein subregulus atque comes vor einem Abt, während sonst in der Urkunde die Namen der Geistlichen von denen der Laien getrennt sind.[7]) Die beiden Urkunden dürften also nicht Originale, sondern alte Abschriften sein.

Wenn nur Geistliche unterschreiben, so folgen auf die Bischöfe die Aebte, dann Presbyter, Diaconen u. s. w. Nur in c. d. 1024 folgen auf jeden Bischof die seiner Diöcese angehörigen Aebte u. s. w. Die Urkunde enthält das Verbot der Laienäbte und durch diese Anordnung der Unterschriften sollte wohl in besonders feier-

---

[1] C. d. 190, vielleicht auch 153.
[2] C. d. 196, 234, 240 b.
[3] C. d. 47, 196, 224, 1000.
[4] C. d. 196 und 199.
[5] Ebenso ist es in c. d. 100, wo aber die Ordnung der Unterschriften gestört scheint, und c. d. 56.
[6] C. d. 47.
[7] C. d. 80.

licher Form ausgedrückt werden, dass die hohe Geistlichkeit aller Diöcesen damit einverstanden war.

Ganz für sich steht die Gerichtsurkunde c. d. 220. Hier untersreibt zuerst die eine Partei, die Aebtissin Quoenthrytha, dann der König, darauf die andere Partei, Erzbischof Wulfred, dann die übrigen höheren Geistlichen, die Laien, die übrigen Geistlichen und eine Anzahl untitulirter Personen. Offenbar war beabsichtigt, die Zeugen nach ihrem Range anzuordnen. Dieses Princip ist aber mehrfach durchbrochen. Mitten unter den Äbten steht der Name eines Priors, hinter den Laien ein Abt, hinter den Diaconen ein Presbyter. Bei der grossen Zahl der Zeugen war es freilch leicht möglich, dass der Schreiber den einen oder den andern übersah und dann nachträglich notirte. Als eine absichtliche Abweichung ist nur der Umstand zu betrachten, dass die Aebtissin vor dem Könige unterschreibt. Dergleichen findet sich nirgends sonst und der Grund sind wohl zufällige Umstände, von denen wir nichts wissen.

Auch in den nur abschriftlich erhaltenen Urkunden finden sich nur die beiden erwähnten Arten der Anordnung. In einigen Urkunden, in denen auf jeden Geistlichen ein Laie folgt[1]), liegt unzweifelhaft ein Versehen des Schreibers vor In den Originalen waren die Zeugen jedenfalls in zwei Reihen neben einander angeordnet, der Zwischenraum zwischen den Reihen war aber so klein, dass er dem Abschreiber gar nicht auffiel und er die Namen in der Reihenfolge von links nach rechts, statt von oben nach unten las.

Diese Gesetze der Anordnung der Unterschriften gewähren die Möglichkeit, die testes subrogati von den ursprünglichen Zeugen zu unterscheiden. Eine Urkunde Cuthreds von Kent z. B. ist unterschrieben von dem Oberkönig Coenwulf, von Cuthred, Erzbischof Wulfred und sieben untitulirten Personen, dann folgt nochmals der Erzbischof, 11 Bischöfe, 2 Aebte[2]). Man könnte allenfalls meinen, dass hier die Namen der Laien denen der Geistlichen vorangestellt seien, wenn nicht die

---

[1]) C. d. 89, 206, 209.
[2]) C. d. 191 a.

Wiederholung der Unterschrift Wulfreds erwiese, dass die Urkunde zuerst von den kentischen Grossen, dann aber später von den Mitgliedern eines Concils unterzeichnet worden ist. Dass Wulfreds Name sich zwei Mal findet, ist nur eine Folge der Gedankenlosigkeit des Schreibers.

Die Anordnung nach dem Range ist die bei weitem seltenere. Auch die Reihenfolge der Zeugen lässt daher eine Bevorzugung der Geistlichkeit erkennen, die zu gross ist, als dass sie allein aus der Ehrfurcht vor dem geistlichen Amte erklärt werden könnte. Diese hätte kaum gestattet, irgend einen nicht sehr einflussreichen Abt vor den Ealdormanen, den Abkömmlingen königlicher Geschlechter, den sehr selbstständigen Vorstehern grosser Bezirke, zu nennen. Jene seltenere Anordnung findet sich besonders in Urkunden von Canterbury und Worcester, doch ist das nur Zufall. Eine Kanzlei kann wohl einzelne Formeln in ausschliesslichem Gebrauch haben, aber bei diesen einfachen Principien der Anordnung von Namen darf man höchstens sagen, dass manche Schreiber nur des einen Princips sich bedient haben werden, aber man darf daraus allein noch nicht einmal schliessen, dass zwei gleichzeitig ausgestellte Urkunden von demselben Schreiber herrühren.

Die weitere Abstufung innerhalb der einzelnen Rangklassen können wir unter dzr Geistlichkeit nur bei den Bischöfen untersuchen, da über die anderen nichts weiter bekannt ist, bei den meisten Aebten nicht einmal, welchen Klöstern sie angehörten.

Unter den Bischöfen steht der Erzbischof von Canterbury immer obenan. Die Reihenfolge der übrigen ersehen wir aus c. d. 1024, wo die Reihenfolge wegen des feierlichen Charakters der Unterschriften keine zufällige sein wird.

Das Princip der Anordnung ist das landschaftliche. Es beginnen die Bischöfe des mächtigsten Reiches, Mercien, dann folgen die übrigen, geordnet, wie es scheint, nach der Macht und Grösse der Staaten: Wessex, Ostanglien, Essex, Kent, Sussex[1]). Eine Verschiebung

---

[1]) Northumbrische Bischöfe kommen äusserst selten vor. Der

in den Machtverhältnissen macht sich hier sofort bemerkbar. Nach dem Fall von Mercien treten die wessexischen Bischöfe an die Spitze[1]). Die Reihenfolge der einzelnen Bistümer ist die folgende: Canterbury; Lichfield, Leicester, Lindsey, Worcester, Hereford (Mercien), Sherborn, Winchester (Wessex); Elmham, Dunwich (Ostanglien); London (Essex); Rochester (Kent); Selsey (Sussex). Diese Reihenfolge kann als die officielle betrachtet werden, weil die Bistümer der einzelnen Länder auch sonst in dieser Reihenfolge genannt werden und weil in c. d. 220 selbst der electus von Dunwich vor den Bischöfen von London und Selsey unterschreibt. Abweichungen von dieser Reihenfolge sind aus politischen Veränderungen zu erklären, wie sich ja schon das Hervortreten der Bischöfe von Wessex darauf zurückführen liess. Nicht anders verhält es sich, wenn in c. d. 220 Beornmod von Rochester mitten unter den mercischen Bischöfen genannt wird. Bis 807 steht Kent unter eigenen Herrschern, wenngleich zuletzt in Abhängigkeit von Mercien[2]). Nachdem in jenem Jahre König Cuthred gestorben, hören wir nichts mehr von Kenter Herrschern, das Land wurde jedenfalls wie eine mercische Provinz, wenn ich so sagen darf, verwaltet, seine Bischöfe galten als mercische Bischöfe. So konnte in c. d. 1024 vom Jahre

Grund ist, dass dieses Land seit dem Falle seiner Macht ohne Zusammenhang mit den übrigen war.

[1]) C. d. 240 c. C. d. 237 vom Jahre 836, nach Stubbs councils III 615 N. a im Original erhalten, nennt freilich die mercischen Bischöfe zuerst, aber ich bezweifle sehr, dass wirklich das Original vorhanden ist. Die Urk. ist vom Erzbischof, 11 Bischöfen, einer grossen Zahl duces etc. d. h. auf einem Witenagemot unterzeichnet. Die Urk. selbst sagt aber nichts davon und es ist auch nicht denkbar, dass 836 eine so grosse Versammlung vom König von Mercien ausgegangen oder ohne Beisein Ekberts abgehalten worden ist. Es kommt hinzu, dass die Bischöfe Husa und Cunda völlig unbekannt sind und da eine starke Verstümmelung aus Humbert und Eadhun anzunehmen ist, besonders aber dass die vor der Comminatio eingeschobene fromme Betrachtung ein durchaus ungewöhnlicher Bestandteil ist. Die Urk. ist echt, aber überarbeitet, die Unterschriften sind aus einer anderen Urkunde entnommen.

[2]) Heinsch: Die Reiche der Angelsachsen zur Zeit Karls d. Gr. 1875, S. 14, N. 1, S. 91.

803 der Bischof von Rochester noch von seinen mercischen Amtsbrüdern getrennt werden, nach 807 wird er ganz den Verhältnissen entsprechend mitten unter ihnen aufgeführt. Sechs andere Urkunden aus den Jahren 807—839, in denen sich Beornmods Name findet, bestätigen durchaus unsere Annahme[1]), und von besonderem Interesse ist es, dass er nach dem Jahre 825, in welchem Kent von den Westsachsen unterworfen wurde, zu den westsächsischen Bischöfen gerechnet wird, da in den betreffenden Urkunden[2]) gerade nur die mercischen Bischöfe nicht vorkommen, d. h. diejenigen, die nicht gänzlich als westsächsische galten. In c. d. 239 bezeichnet ihn Ekbert auch als „seinen" Bischof.

Ebenso lässt sich für die Geschichte der anderen Reiche mancherlei aus den Zeugenlisten entnehmen, es kann jedoch nicht meine Aufgabe sein, dies im Einzelnen nachzuweisen. Für mich genügt es, gezeigt zu haben, dass die Reihenfolge der Unterschriften sich unter eine Regel bringen lässt. Kleine Abweichungen von dieser Regel in der Art, dass unter den mercischen Bistümern nicht Lichfield und unter den wessexischen nicht Sherborn an erster Stelle unterschreibt[3]), kommen vor; da aber die Bischöfe sich jedenfalls im Range gleichstehen, so darf man dies nicht als Unregelmässigkeiten bezeichnen, man kann vielmehr nur sagen, dass die oben mitgeteilte Reihenfolge sich noch nicht vollständig durchgesetzt hatte.

Im Jahre 787 wurde Lichfield zum Erzbistum erhoben, und behielt diesen Rang bis in den October 803[4]). Für die Unterschriften hatte das die Folge, dass es die zweite Stelle, die ihm sonst schon gewöhnlich zufiel, jetzt unbedingt erhielt. Die erste Stelle behauptet Canterbury und zwar auch in Urkunden, deren Originale

---

[1]) C. d. 196, 207, 210, 223, 224, 239. Dagegen ist c. d. 237. Nach dem was oben über diese Urk. gesagt ist, darf darin ein weiteres Argument gegen die Echtheit der Unterschriften gefunden werden.

[2]) C. d. 223, 224, 239.

[3]) C. d. 116, 137, 220.

[4]) Das Aufhebungsdecret, c. d. 185, ist vom 12. 10. datirt, aber schon in Urkunden vom 6. 10. heisst Aldulf von Lichfield nur noch episcopus, c. d. 183, 184.

vorhanden sind[1]). Ich lege darauf Gewicht, weil wir dadurch um so mehr veranlasst sind, in den Ausnahmefällen[2]) Corrumpirung der Unterschriften anzunehmen, wozu hinreichende Berechtigung vorhanden ist. In c. d. 167 steht der Name Aethelheards von Canterbury nicht nur nicht an erster, sondern sogar erst an dritter Stelle, was sicher nicht der Anordnung des Originals entspricht. C. d. 1023 ist nur in einem Cartular aus dem Ende des 14. Jahrhunderts erhalten[3]), die Möglichkeit einer Verderbnis ist daher gewiss nicht zu bestreiten. C. d. *162 ist eine wenig rühmliche Fälschung[4]). Es bleiben also nur zwei Urkunden übrig, und diese Zahl ist zu gering, als dass wir nicht auch bei ihnen willkürliche oder zufällige Umstellung der Unterschriften annehmen sollten. Eine Bestimmung über das gegenseitige Verhältnis der beiden Erzbistümer muss es gegeben haben, sonst wäre des Streits zwischen den beiden Rivalen kein Ende gewesen. Dass dabei Canterbury einen Vorzug genoss ist sehr glaublich; war es doch das älteste unter den Bistümern und von Anfang an das Haupt der englischen Kirche. Man mochte Lichfield zum Erzbistum machen, aber auch Ehrenvorrechte wie den ersten Platz unter den Bistümern auf die neue Stiftung zu übertragen, hätte als ein ziemlich zweckloser Gewaltact erscheinen müssen.

Auch die weltlichen Zeugen werden unter sich nach ihrem Range geordnet: Ealdormanen, Gerefen, Gefolgsgenossen des Königs. Die Ealdormanen sind die höchsten weltlichen Beamten, da sie nach Abstammung und Befugnissen die Nachkommen früherer Könige sind [5])

---

[1]) C. d. 153 und 175, ausserdem in c. d. 152, 155, 156, 157, *1017.
[2]) C. d. *162, 164, 167, 1020, 1023.
[3]) Nach Stubbs, councils III 531 N. a., der mit Unrecht die Unterschriften für zweifelhaft erklärt, weil Aldulf von Lichfield zugleich mit seinem Vorgänger Hygebert unterschreibt. Er kann Hygeberts Coadjutor gewesen sein. S. Stubbs S. 301 N. a.
[4]) Stubbs S. 480 N. a. will die Urkunde nicht ganz verdammen, er hat jedoch die diplomatischen Momente ausser Acht gelassen.
[5]) S. über sie Kemble II, Cap. 4.

Unter ihnen nimmt Kemble[1]) wenigstens für Mercien zwei Kategorien an, die höhere der principes, die niedrigere der duces. Der von ihm angegebene Grund, dieselbe Person werde erst als dux, dann als princeps bezeichnet, scheine also eine Beförderung erfahren zu haben, ist nicht stichhaltig, da wir nicht wissen, dass es dieselbe Person ist. In der Sache selbst hat er jedoch Recht, denn die principes unterschreiben vor den duces,[2]) sie stehen also höher als diese. Man könnte zwar, da beide Ausdrücke das angelsächsiche ealdorman übersetzen, meinen, die Schreiber hätten mit den Ausdrücken wechseln wollen, dem steht jedoch entgegen, dass die beiden Bezeichnungen nicht gleichmässig auf die unterschreibenden Ealdormanen verteilt werden. In c. d. 175 finden wir einen princepes neben 10 duces.

Dass auch innerhalb der einzelnen Klassen der weltlichen Beamten eine bestimmte Rangordnung bestanden hat ist nicht zu bezweifeln,[3]) Näheres lässt sich aber nicht ermitteln, da von den meisten dieser Zeugen nichts weiter bekannt ist als ihr Name. —

Als Unterschriftsformel dient: signum manus N., oder ego N. consensi oder subscripsi oder consensi et subscripsi. Schon Kemble hat bemerkt,[4]) dass den älteren Urkunden durchweg grosse Einfachheit der Unterschriftsformeln eigen ist, und dass das Bestreben, für jeden Zeugen eine andere Wendung zu finden, ein sicheres Zeichen der Unechtheit ist.[5]) Er hat ferner behauptet, in der ältesten Zeit werde nur mit signum manus unterzeichnet, etwas später finde sich dann auch consensi. Aber das ist schwerlich zutreffend, denn schon die erste von Kemble für echt gehaltene Urkunde, deren Unterschriften erhalten sind, zeigt beide Formen neben einander und zwar wesentlich so, wie sie dann oft ge-

---

[1]) S. 107.
[2]) C. d. 175, 196.
[3]) Vgl. Eddius vita Wilfr. Cap. 58: B. secundus a rege princeps.
[4]) C. d. introd. p. XCV.
[5]) Dergleichen ist nur in unzweifelhaft unechten Urkunden nachweisbar, c. d. *3, *6, *163, *192 etc.

braucht werden,[1]) nämlich dass die Geistlichen mit corsensi etc., die Laien mit signum manus unterschreiben. Man hat dadurch ein Mittel, weltliche und geistliche Zeugen mit einiger Sicherheit zu unterscheiden und darf in der Formel signum manus z. B. in c. d. 47 ein weiteres Argument dafür erblicken, dass die untitulirten Zeugen Laien sind.

Den Uebergang zu einem anderen System der Unterschriftsformeln zeigt c. d. 175. Da unterzeichnen zuerst die Bischöfe mit consensi et subscripsi, dann folgen Aebte, bei denen ohne jede Formel einfach der Name und Titel genannt wird, und daran schliessen sich die Laien, von denen nur der erste ein signum manus neben seinem Namen hat. Dieses gilt aber zugleich auch für die übrigen, deren Namen daher im Genetiv folgen. Der nächste Schritt war, dass man bei den Laien überhaupt keine Formel mehr gebrauchte und sie eben dadurch von den Geistlichen unterschied.[2]) Unterscheiden aber wollte man, diese Absicht tritt ganz deutlich hervor. Einmal darin, dass man die beiden Formeln nach der oben angegebenen Regel verwendete, sodann aber darin, dass zwar bisweilen auch die Namen der Geistlichen ohne jeden Zusatz notirt oder mit der Formel signum manus verbunden werden, aber nur dann, wenn überhaupt keine weltlichen Zeugen vorhanden sind,[3]) oder wenn die Unterscheidung auf andere Art, durch Anführung der Titel, gesichert ist.[4]) Ebenso wird, wenn alle Zeugen mit consensi et subscripsi unterschreiben, der Unterschied mit Hilfe der Titel bemerkbar gemacht,[5]) und so giebt es noch mancherlei Modificationen der Unterschriftsformeln,

---

[1]) C. d. 35, 77, 86, 133, 137, 157, 204 etc. Die Unterschrift des Ausstellers und des Königs ist dabei nicht in Betracht gezogen.
[2]) C. d. 116 b.
[3]) C. d. 116 a, 240 c
[4]) C. d. 100, 190. Ganz entsprechend findet sich consensi bei den Laien allein nur in c. d 191 a, wo nur der durch den Titel ausgezeichnete Erzbischof und untitulirte Personen, jedenfalls Laien, unterschreiben. Später kamen noch geistliche Zeugen hinzu, und die-e unterschreiben nun ohne Formel, weil die ihnen zukommende schon verbraucht war.
[5]) C. d. 80, 96, 189, 234.

die aufzuzählen zwecklos wäre. Ueberall aber zeigt sich das Bestreben, die Geistlichen von den Laien auszeichnend zu unterscheiden,¹) und ich sehe darin einen weiteren Beweis dafür, dass auf das Zeugnis der Geistlichen mehr ankam, als auf das der Laien.

Der König und der Aussteller werden wie durch ihre Stellung in der Zeugenreihe so durch eine etwas wortreichere Formel ausgezeichnet. Der König sagt nicht: „Ich habe unterschrieben", sondern: „Ich habe mit dem Zeichen des heiligen Kreuzes Christi, oder: ich habe mit eigener Hand unterschrieben"²) und was dergleichen bedeutungslose Erweiterungen der Formel mehr sind. Dem Könige wird auch das ehrenvollere consensi zugestanden, signum manus findet sich bei seinem Namen viel seltener. Bei anderen Ausstellern wird wohl auch in der Unterschrift kurz darauf hingewiesen, dass die Schenkung von ihnen ausgeht.³)

Der Aussteller unterschreibt als Zeuge, seine Unterschrift muss daher denen der übrigen Zeugen beigesellt werden. Verbindung dieser Unterschrift mit irgend einer Formel in der Art, dass die Unterschrift in den Context gesetzt oder eine Formel der Unterschrift hinzugefügt wird, muss um so mehr als ein Zeichen der Unechtheit gelten, als die seltenen Beispiele auf Fälschung⁴) oder Überarbeitung⁵) beruhen.

Neben, meist vor die Namen der Zeugen wird ein Kreuz gesetzt, weil Alles, was mit einem Keuze bezeichnet ist, für heilig und unverletzlich gilt⁶.) Wenn die Kreuze bisweilen bei einigen Namen fehlen, so ist

---

1) Die Formel consensi ist eine ehrende, weil darin die Erinnerung an ein wirkliches Consensrecht der Zeugen noch anklingt, s. unten.
2) Z. B. c. d. 77 und 79.
3) Z. B. ego O. donator subscripsi, c. d. 35.
4) C. d. *6. *18, *159.
5) C d. 108. Ich nehme Interpolation an, weil die Urkunde sonst unverdächtig ist und die der Unterschrift beigefügte Formel eine in ungewöhnlichen Ausdrücken gehaltene Wiederholung der Corroboratio ist.
6) Concil von Celchyth von 816, Cap. VI: früherer Beschlüsse der Bischöfe sollen firma et inrefragabilis bleiben, seu aetiam de omni re quotquot cum vexillo sanctae crucis Christi roboratum est, councils III 581.

das gewiss nur ein Versehen des Schreibers, und man darf kein Gewicht darauf legen, dass sich Beispiele fast nur in Fälschungen finden.[1]) Viel eher darf man erwarten, dass ein Fälscher etwas Überflüssiges hinzusetzt, wie wir denn auch in Fälschungen und zwar nur in solchen bei allen oder bei einigen Zeugen zwei Kreuze finden.[2])

Kemble hat die Vermutung geäussert, dass sich hinter dem Kreuze der Hammer Thors verberge,[3] der das echtheidnische Symbol bei allen Contracten gewesen und durch ein Kreuz dargestellt worden sei. Diese Vermutung hat sehr viel Ansprechendes. Es ist bekannt, wie die Kirche überall an heidnische Gebräuche anknüpfte und dieselben ihren Zwecken dienstbar machte, indem sie sie mit christlichen Vorstellungen in Verbindung brachte, und gerade der angelsächsischen Mission empfahl Gregor, mit grösster Milde und Schonung vorzugehen[4]). Dass auch vor der Bekehrung etwas den Urkunden Entsprechendes, etwa mit Runen bezeichnete Stäbe, in Gebrauch gewesen ist, ist nicht zu bezweifeln. Es wäre sonst nicht zu begreifen, wie es der Geistlichkeit gelingen konnte, so rasch den Landbüchern die rechtliche Bedeutung zu geben, die sie haben. Unter diesen Runen kann sich auch der Hammer Thors befunden haben, und danach ist es sehr wohl möglich, dass Kemble das Richtige getroffen hat.

Die Untersuchung hat einerseits das im vorigen Paragraphen gefundene Resultat bestätigt, andererseits eine wünschenswerte Ergänzung zu demselben gegeben. Diese besteht in dem Nachweise, dass die angelsächs- schen Schreiber, obwohl sie nicht der Disciplin einer Behörde unterworfen sind und sich deshalb manche

---

[1] C. d. *18, *25, *33, 35, *163, *192.
[2] C. d. *44, *65, *149, 151, *221. Die Unechtheit von c. d. 151 folgt schon daraus, dass dies eine Bestätigungsurkunde ist und Bestätigungen nicht durch besondere Urkunden erteilt werden, s. unten. In c. d. 116 b sind nach Kemble bei dem einen Signum Coenwulfs zwei Kreuze, wovon eines nicht deutlich erkennbar. In den Facsimile, Ancient charters Bl. 10, ist überhaupt nichts davon zu sehen.
[3] C. d. introd. p. XCIII f.
[4] S. Seinen Brief an Augustin bei Beda, hist. eccl. I 27.

Nachlässigkeiten zu Schulden kommen lassen, dennoch selbst in den Unterschriften, die wie kaum ein anderer Teil der Urkunden dem Belieben des Schreibers Spielraum lassen, festen Regeln zu folgen bemüht sind.

§ 3. Petition.

Vom Könige ausgestellte Urkunden sind es zumeist, die uns vorliegen, Schenkungen aus dem Privatbesitz des Königs oder Uebertragungen von Volkland. Ueber dieses kann der König nicht allein verfügen, aber es ist sein Vorrecht, die Urkunden darüber auszustellen und er hat auch bei der Uebertragung selbst eine gewichtige Stimme. An ihn, dürfen wir annehmen, hat sich Jeder zu wenden, der Volkland erwerben will und er hat dann das Weitere zu veranlassen.

Es sind vornehmlich die geistlichen Stifter, mit denen der König durch diese Verhältnisse in Berührung kam. In der ersten Zeit nach der Bekehrung war der Eifer, die neugegründeten Kirchen und Klöster zu beschenken, sehr gross.[1]) Die Könige standen dabei hinter den Anderen nicht zurück, indem sie teils ihren Privatbesitz hingaben, namentlich aber wohl indem sie die Uebertragung von Volkland genehmigten und beförderten. Allmählich aber änderte sich das, der Eifer, sich durch Bereicherung der Kirchen die Pforten des Paradieses zu öffnen, legte sich. Die Könige mochten wohl auch erkennen, dass das Anwachsen des kirchlichen Grundbesitzes und die Verminderung des Volklandes ihrer eigenen Macht nicht dienlich sei, jedenfalls wollten sie davon auch einen Vorteil für sich haben. Sie fangen an, für ihre Zustimmung zur Erwerbung von Volkland und auch für Veräusserung von Privatbesitz von Geistlichen und Laien Geschenke anzunehmen. In Northumbrien hat diese Entwicklung schon im Beginn des 8. Jahrhunderts eine grosse Höhe erreicht. Geistliche und Laien erhalten gegen Zahlung so viel Volkland, wie sie nur wollen. Der kirchliche Eifer muss jetzt zum Vorwand dienen, zum Klosterbau wird das Land erbeten

---

[1]) S. Lingard, A. S. church I 237 ff.

und bewilligt, aber beide Parteien wussten, die eine, dass der Empfänger nicht beabsichtigte, ein wirkliches Kloster einzurichten, die andere, dass der Geber daran keinen Anstoss nehmen würde. Beda entwirft ein so düsteres Bild von den traurigen Folgen dieses Zustandes,[1]) dass man den ehrwürdigen Mann bedauert, der den jähen Verfall des Landes und der Kirche erleben musste, zu deren slolzem Glanze er so viel beigetragen.

Aber indem er diese schnelle und extreme Entwicklung mit dem Tode König Aldfriths in Verbindung bringt,[2]) lässt er erkennen, dass das frühe Eintreten derselben eine Folge der unaufhörlichen Revolutionen ist, die in Northumbrien genau mit jenem Zeitpunkte begannen.[3]) In den anderen Staaten, denen ein ruhigeres Dasein vergönnt war, vollzog sich der erwähnte Umschwung langsamer. Zwar sehen wir in Kenter Urk. schon im 7. Jahrhundert die placabilis pecunia, wie der Ausdruck wohl ist, auftreten,[4]) aber die Zahl der urkundlichen Belege lässt, so klein sie ist, deutlich eine Steigerung erkennen, je mehr wir uns dem Ende unserer Periode nähern. Mehr als die Hälfte aller Beispiele ist aus dem 9. Jahrhundert.[5]) Aber auch da hat man noch eine gewisse Scheu, offen zu bekennen, dass es sich nicht um eine Schenkung, sondern um einen Kauf handelt, man hat das Gefühl, dass in dem Verfahren etwas beider Teile Unwürdiges liegt. Gerade in diesen Fällen wird nachdrücklichst betont, dass man nur den edelsten Antrieben folge, und die Handlung wird mit largiri, donare, oder mindestens doch mit den farblosen dare und tradere bezeichnet. Es macht beinahe einen komischen Eindruck, wenn Ceolwulf von Mercien sagt: „Si quis

---

[1]) Epistola ad Ecgbertum.
[2]) Er sagt, das Land leide unter jenem Unwesen ex quo A. rex humanis rebus ablatus est, epist. ad Ecgb. § 7.
[3]) S. Lappenberg I 205 ff. Heinsch 62 ff.
[4]) C. d. 27 vom Jahre 686, wo jedoch eine andere Wendung gebraucht ist: quamvis praetium competens acceperim. Es soll damit kein Kauf bezeichnet werden, denn es kann kein Zufall sein, dass man hier und in den ähnlichen Fällen donare largiri dare etc. anwendet und Wörter wie emere u. dgl. vermeidet, vor denen man sich doch sonst nicht scheut, s. c. d. 53, 143, 1027 etc.
[5]) C. d. 191, 196, 201, 203, 210, 214, 216, 217, 224, (s. oben S. 8).

scire desiderat quare hanc donam tam devotissime dedissem vel liberassim sciat illi recitatur quod inprimis pro amore dei omnispotentis et pro venerabili gradui preticti pontificis seu etiam consecrationis meae quam ab eo eodem die per dei gratiam accepi nec non pro eius placabili pecunia id est etc.¹) Wenn die Liebe zu Gott und die Ehrfurcht vor dem Bischof und die Dankbarkeit für dessen Dienste bei der Krönung dem Könige doch noch gestatteten, Geld anzunehmen, so dürfte es ihm wohl mehr um dieses, als um den Ausdruck jener schönen Gefühle zu thun gewesen sein.

Die Angabe dass Geld gezahlt sei wird bisweilen ganz an das Ende der Urkunde, ja in die noch hinter den Unterschriften stehenden Grenzbestimmungen gesetzt²), jedenfalls, um die Aufmerksamkeit von der fatalen Notiz abzulenken. Ganz übergehen wollte man sie nicht, weil sie bei einer Anfechtung der Schenkung wichtig werden konnte. Da nun gerade die Grenzbestimmungen vielfach nicht überliefert sind, so wäre es möglich, dass manche „Schenkungen" dieser Art unserer Kenntnis entzogen sind. Dies ist sogar sehr wahrscheinlich, da die Zahl der Beispiele doch sehr klein ist gegenüber der Thatsache, dass es im 9. Jahrhundert schon Regel war, die Gunst des Königs zu erkaufen. Konnte doch Ekbert von Wessex ausdrücklich betonen, dass er nicht pro pecunia, sondern um seines Seelenheils willen und zur Sühne seiner Sünden schenke.³) Ganz unumwunden äussert sich die Chronik von Abingdon. Abt Rethun hat sich vergeblich bei Coenwulf über Belästigungen der klösterlichen Besitzungen durch die Jäger des Königs beschwert. Die Anrufung und Einmischung des Pabstes hat keine andere Folge, als dass der König, der in diesem Vorgehen Rethuns eine Beleidigung sieht, in gewaltigen Zorn gerät. Der Abt aber, der sich nun voller Sorgen zu Coenwulf begiebt, um ihn zu versöhnen, thut Geld in seinen Beutel, dijudicans hoc sibi potissimum fore consilium de regis amore obti-

---

¹) C. d. 216. Aehnlich c. d. 1020.
²) C. d. 214, 224 (s. oben S. 8).
³) C. d. 234.

nendo et ultimum remedium[1]). Die Wirkung ist erstaunlich. Coenwulf, der bisher gegen alle Vorstellungen taub gewesen war, wurde sogleich sehr gnädig: quorum donorum gratia adeo animum regis ad benevolentiam vir Dei Rethunus sibi et domui suae captaverat ut decretum publice sanciretur etc. Die Beschwerden werden erledigt.

Mit Bitten durfte man unter solchen Verhältnissen nicht hoffen zum Ziele zu kommen. Die Gesuche, die man an den König richtet, haben keine andere Bedeutung, als dass sie die formelle Einleitung des Rechtsgeschäfts bilden. Wir dürfen uns daher nicht wundern, wenn die Urkundenschreiber davon fast gar keine Notiz nehmen. In c. d. 214 beruht die Erwähnung der Petition auf den eben erwähnten besonderen Verhältnissen, denen die Urkunde ihre Entstehung verdankt, sie findet sich daher in der nach derselben Vorlage geschriebenen Urkunde c. d. 236 nicht. Das Geld war das ultimum remedium, vorher versuchte Rethun noch einmal, den König durch Bitten und Vorstellungen zu gewinnen und dem Kloster sein Vermögen ungeschmälert zu erhalten. Daher mochten dieses Mal die Bitten dem Abingdoner Mönch, der die Urkunde schrieb, nicht ganz unwesentlich erscheinen, so dass er ihrer auch in der Urkunde gedachte.

In allen anderen Fällen[2]) ist die Erwähnung der Petition nicht aus sachlichen Gründen zu erklären, sondern als Eigentümlichkeit weniger Schreiber zu betrachten. Vielleicht haben dieselben unter fränkischem Einfluss gestanden. Es ist bekannt, dass seit dem 7. Jahrh. viele Angelsachsen als Missionäre das fränkische Reich besuchten. Dort mögen Einzelne den Brauch kennen gelernt haben, die Petition in die Urkunden aufzuneh-

---

[1]) chron. de Abingdon I p. 23.
[2]) C. d. 67, 83, 89, 95, 113, 123, 155, 168, 240 a, 1008, 1009, 1020, 1021, 1022, 1035, 1042. Einige dieser Urkunden, die auf derselben Vorlage beruhen oder sich zeitlich nahe stehen, werden von demselben Schreiber herrühren. Die Formel findet sich dann noch in etwa eben so vielen Fälschungen, auch in der bekannten Urkunde Offas für St. Denis bei Doublet, hist. de St. Denys p. 720. Diese ist jedoch nach dem, was oben über die Kanzlei gesagt ist, diplomatisch gar keine angelsächsische Urkunde.

men, ohne ihm jedoch zu allgemeiner Annahme in ihrer
Heimat verhelfen zu können. Eine Regel für das Vorkommen der Petition ist daher nicht aufzustellen, die
Formel ist ohne Wert für die Kritik der Urkunden.
Auch die termini technici ergeben in dieser Hinsicht
nichts[1]), da keiner etwas Charakteristisches an sich hat.
Wenn der eine oder der andere sich nur in echten oder
nur in unechten Urkunden findet[2]), so ist das Zufall.

Die Petition bezieht sich in sämmtlichen Urkunden
auf die Handlung, nicht auf die Beurkundung, was sehr
wohl möglich wäre. Die Bitte um Beurkundung ist
gradezu verdächtig, denn das einzige Beispiel, c. d. *18,
ist eine ungeschickte Fälschung, und selbst hier kommt
doch daneben noch die auf die Handlung bezügliche
Bitte vor.

Endlich muss noch der Petition gedacht werden,
welche sich auf die Unterschrift bezieht. Die echten
Urkunden, in denen sie sich findet, rühren sämmtlich von
Herrschern der kleinen Reiche her, die früh ihre Selbstständigkeit verloren haben, wie Sussex und das Land
der Hwiccas, und die Petition gilt hier nicht der Unterschrift des Ausstellers, sondern der des ihm übergeordneten fremden Königs. Man darf hier nicht den Umstand
zur Vergleichung heranziehen, dass der Aussteller oft
die Zeugen ersucht, zu unterschreiben. Denn während
dies nur eine höfliche Phrase ist, kommt jener Petition
eine gewisse Bedeutung zu, wie sich weiter unten ergeben wird.

In einer Fälschung, c. d. *992, bezieht sich diese
Petition auf die Unterschrift des Ausstellers. Jedoch
scheint da nur eine Flüchtigkeit des Schreibers vorzuliegen, denn in der nach derselben Vorlage geschriebenen
Urkunde c. d. *18 steht statt des rogatus . . . cartulam
subscripsi in c. d. *992: rogatus . . . cartulam scribere
iussi, so dass die Petition sich auf die Beurkundung
bezieht.

---

[1]) Am häufigsten ist rogare, daneben vereinzelt pro potitione
iuxta petitionem, suggerere u. dgl. m.

[2]) Z. B. suggerere nur in echter, petitioni acquiescere nur in
unechten.

§ 4. Intervention.

Wilhelm von Malmesbury hat uns, wie oben bemerkt, einen Brief aufbewahrt, worin Aldhelm als Abt von Malmesbury den clericus Wimbertus bittet, seinen Einfluss dafür geltend zu machen, dass das Kloster gewisse Güter, deren Besitz durch den König bedroht war, nicht verliere. Da Wimbert kein Hofgeistlicher gewesen ist und da die von Wilhelm mitgeteilten zahlreichen angelsächsischen Urkunden fast sämmtlich unecht sind, so verdient auch dieses Document nicht viel Vertrauen. Aber die Sache selbst, von der es handelt, ist auch nicht grade sehr wahrscheinlich. Einem Aldhelm standen gewiss gewichtigere Fürsprecher zur Verfügung als ein einfacher clericus regis, und da, wo das Geld das ultimum remedium bildet, durfte man überhaupt nicht viel von der Verwendung wessen auch immer erhoffen, die Intervention des Pabstes für Rethun hatte sogar recht üble Folgen. Wir müssen durchaus annehmen, dass Fürsprecher und Fürsprache bei Erwerbung von Gütern oder Privilegien eine sehr unbedeutende Rolle gespielt haben und dürfen nicht erwarten, in den Urkunden irgend welche Mitteilungen darüber zu finden. Mit Recht hat Kemble fast alle Urkunden, die solche Angaben enthalten, besternt,[1]) nur zwei hält er für echt,[2]) und für die eine derselben kann ich diesem Urteil nicht beistimmen Schon Stubbs hat darauf hingewiesen,[3]) dass in c. d. 151 die umständliche Aufzählung der einzelnen Mitglieder der koeniglichen Familie, deren Seelenheil die Schenkung förderlich sein soll, ungewöhlich ist. Dazu kommt, dass es sich um eine Bestätigung handelt, und diese, wie noch zu zeigen sein wird, sonst nicht

---

[1]) C. d. *4, *11, *22, *23, *42, *66, *73, *111, *159, *174, *192, *1002 Auch c. d. 87 erwähnt Intervention (oben S. 6), aber nur in dem bei Cameron Taf. 1 facsimilirten Ms, und namentlich nicht in dem, welches Stubbs für das beste hält und seinem Drucke zu Grunde gelegt hat, concilia p. 340. Auch die von Wilh. von Malm. de antiqu. Glastoniensis eccl. ed. Hearne p. 49. citirte Urkunde mit der Intervention des Erzbischofs Theodor darf für eine Fälschung gehalten werden.
[2]) C. d. 151 und 214.
[3]) Councils III 463.

durch eine besondere Urkunde erteilt werden. Die Ländereien, deren Besitz bestätigt wird, sind nicht genau bezeichnet, was auch nicht unbedenklich. Weshalb überhaupt die Bestätigung nachgesucht wird ist nicht klar, und ebenso wenig, weshalb sonderbarer Weise nicht alle Besitzungen des Klosters bestätigt werden, sondern nur diejenigen, mit denen es bei seiner Gründung 100 Jahre früher ausgestattet worden war.[1]) Die einfachste Erklärung ist die, dass c. d. 151 gefälscht wurde eben um das Recht des Klosters an diesen Besitzungen, das wohl auf schwachen Füssen stand, besser zu begründen.

Wir haben also in c. d. 214 in der Nennung des Pabstes Leo als Intervenienten für Rethun eine ganz singuläre Erscheinung Sie erklärt sich daraus, dass ein solches Eingreifen des Pabstes in Verhältnisse, die für die angelsächsische Kirche bedeutungslos waren, ungewöhnlich war und deshalb als ein Zeichen besonderen Wohlwollens gegen das Kloster Abingdon oder Rethun aufgefasst werden konnte. Aus Dankbarkeit gedachte daher der Mönch, der die Urkunde schrieb, der Fürsprache des Pabstes.

In den Fälschungen erscheinen als Intervenienten Königinnen, Bischöfe etc., und es sind besondere Gründe für die Nennung der Intervenienten nicht zu erkennen. Freilich darf man darum nicht behaupten, dass das Vorkommen der Formel an sich schon verdächtig sei, denn bei dem Mangel an localen Geschichtsquellen entgeht uns die Kenntnis von Beziehungen, die auf den Urkundenschreiber eingewirkt haben können. Immer aber muss die Erwähnung der Intervention zu sorgfältiger Untersuchung der Urkunde auffordern. Bot doch eine Formel dieser Art schöne Gelegenheit, klangvolle Namen vorzubringen, und wir haben bereits gesehen, dass manche Fälscher nötigenfalls eine solche Gelegenheit bei den Haaren herbeizogen.

Die von Wilh. von Malm. citirte Urkunde gebraucht als terminus technicus intervenire, c. d. *111

---

1) omnes terras et omnes villulas et possessiones quas subregulus F. et abbas E. primi fundatores praefato monasterio dederunt et concesserunt ego . . concedo et confirmo.

spricht von den intercessiones plurimorum, alle anderen haben Wendungen, die den für die Petition gebräuchlichen nahestehen[1]). In c. d. 214 bezeichnet sogar dasselbe Wort zugleich Petition und Intervention[2]). An sich sind ja auch beide Acte gleicher Art.

§ 5. Consense.

I. Consens und Unterschrift.

Die Schenkungen, von denen unsere Urkunden handeln, berührten Rechte aller Art, solche die auf Grundsätze des Staats- und Kirchenrechts zurückgingen, wie solche privatrechtlicher Natur. Die Befriedigung der Inhaber solcher Rechte ist die unerlässliche Vorbedingung für die Vollziehung und, was damit gleichbedeutend ist, die Beurkundung jeder Schenkung. Die Untersuchung über diese Verhältnisse und ihre Behandlung in den Urkunden fällt daher auch noch in den Rahmen unserer Aufgabe. Bevor aber damit begonnen werden kann, ist es erforderlich festzustellen, auf welche Art sich die Urkunden über die Zustimmung der Beteiligten äussern, ob dieselbe Gegenstand einer besonderen Formel ist, oder ob sie nur beiläufig und in nicht eben klarer Weise durch eine in erster Reihe nicht für diesen Zweck bestimmte Formel zum Ausdruck kommt. Es ist nämlich mehrfach die Ansicht zwar nicht direct ausgesprochen, aber angedeutet worden, dass die Consentirenden ihre Genehmigung erteilen konnten, indem sie die Urkunde unterschrieben[3].

Zunächst könnte man Lappenberg zugeben, dass einzelne Personen, wie sie nicht gezwungen werden konnten, ein ihnen nicht genehmes Geschäft zu bezeugen, so umgekehrt durch Uebernahme der Zeugen-

---

[1]) precibus pulsatus, c. d. *66, hortatu, c. d. *73 etc.
[2]) Ego K. etc. fui rogatus ab apostolica sede per privilegium domni apostolici gloriosissimi papae Leonis et Bethunum etc
[3]) So Palgrave, riseand progress I 172, Lappenberg I 579 und 597. Lingard I 226 und bes. 412 f. Schm altd. Reichs- und Gerichtsverf. I 33 N. 62. Dagegen scheint sich zu erklären Stubbs: the constitutional history of England I 130/131.

schaft, also durch Unterzeichnung der Urkunde ihre Genehmigung erteilt haben mögen. Aber es handelt sich vornehmlich um die Reichsversammlung. Von ihren Mitgliedern, den Witan, wird behauptet, dass in den Fällen, wo sie zu consentiren hatten, ihre Unterschrift entweder allein genügte, oder doch auch neben der besonderen Erteilung und Erwähnung des Consenses erforderlich war, dass also jedenfalls zwischen Consens und Unterschrift ein Zusammenhang besteht.

Palgrave beruft sich auf das northumbrische Concil von 787, wo die Witan „ihren und des Volkes Consens durch ihre Unterschrift bezeugen". Aber er hat übersehen, dass der Consens auch noch ausdrücklich erwähnt ist[1], dass also nicht, wie er will, blos durch die Unterschriften consentirt wird.

Lingard stützt sich auf eine Stelle Bedas, indem er confirmare im Sinne von consentire nimmt[2]. Aber confirmare heisst nicht nur genehmigen, sondern vornehmlich etwas schon früher Genehmigtes und Ausgeführtes bekräftigen. Dieser Ausdruck wird grade von unterschreibenden Zeugen mit vollem Recht gebraucht, und deshalb können auch die Aussteller ihre Unterschrift als Confirmation bezeichnen, was gewiss Niemand als Consens betrachten wird[3].

Weiter sind keine Belege für die erwähnte Ansicht beigebracht worden, aber es ist nicht zweifelhaft, dass die oft gebrauchte Unterschriftsformel ego N. consensi et subscripsi und die oft vorkommende Bezeichnung der Zeugen als testes consentientes als ihre Hauptstützen

---

[1] qui (die Witan) cum omni humilitatis subjectione et clara voluntate .... spoponderunt se in omnibus obedire, Huddan and Stubbs, councils III 448, und noch einmal 459.

[2] haec (territoria, Volkland) insuper in ius sibi hereditarium edictis regalibus faciunt ascribi, ipsas quoque litteras privilegiorum suorum .... pontificum abbatum et potestatum seculi obtineant subscriptione confirmari. eplst. ad Ecgb. § 7.

[3] † ego E. rex Cantuariorum supradicta omnia volens confirmabi et signum sanctae crucis impressi, c. d. 96. Aehnlich c. d. 124, 1037, etc. Vgl. auch die professio oboedientiae Bischof Rethuns von Leicester councils III 579: et hoc quoque mea propria manu cum vexillo sanctae crucis Christi confirmabo et subhcribam Er will damit gewiss nicht seine eigene professio noch ausdrücklich genehmigen. Ebenso ist es mit der professio Tidfriths von Dunwich, councils III 511.

angesehen werden. Es fragt sich also, ob dieses consensi wirklich etwas bedeutet, oder ob es blosse Formel ist.

Schon die überwiegende Beschränkung der Formel auf die Unterschriften der Geistlichen berechtigt, ihre Bedeutsamkeit zu bezweifeln, denn wie wäre es zu erklären, dass bei dieser oder jener Vergabung von Volkland nur die Geistlichen consentirt haben? Wenn aber in so vielen Fällen das consensi sicher inhaltslos ist, so ist man nicht mehr berechtigt zu sagen, dass es in anderen, in denen es allenfalls etwas bedeuten kann, auch wirklich etwas bedeuten muss. Man wird daher z. B. den Consens einzelner Personen noch immer aus der Thatsache folgern können, dass sie unterschreiben, aber nicht daraus, dass sie mit consensi unterschreiben, und selbst dann muss noch bemerkt werden, dass sie in erster Reihe als Zeugen unterschreiben.[1])

Dazu kommt noch eine ganze Reihe von Gründen, die mich bestimmen, das consensi der Unterschriften für bedeutungslos zu halten.

Dass die Königinnen und überhaupt Frauen nicht Sitz und Stimme im Witenagemot gehabt haben, ist nicht zu bezweifeln. Wenn also der Urkundenschreiber neben ihre Namen ein consensi setzt, so geschah es gewiss nicht, um ihre Zustimmung zu bezeichnen.[2])

Auch in den Unterschriften solcher Personen, die nicht berechtigt waren zu consentiren, finden wir das consensi. Was ging es Cynewult von Wessex an, wenn Aethelbald von Mercien dem Abt Eanbert 10 Casaten Landes schenken wollte, aber er unterschreibt dennoch mit der Formel consensiens (et) subscribo.[3]) Aehnlich ist es, wenn nicht nur die Bischöfe des betr. Landes, sondern auch andere,[4]) oder wenn Personen von geringem Range, wie Diaconen, mit consensi unterzeichnen.[5])

---

[1]) omnes consentiendo subscripsimus atque confirmabimus testimonium nostrum, c. d. 146. Die Urk. ist von den Mitgliedern des Capitels von Worcester unterschrieben, deren Consens vielleicht nicht notwendig, aber jedenfalls ganz erwünscht war, s. unten.
[2]) C. d. 138, 220, etc.
[3]) C. d. 100.
[4]) C. d. 36, 196, 207, 210 etc.
[5]) C. d. 234, 240 a.

Vollständige Klarheit gewähren einige Angaben der Urkunden selbst. Sehr oft werden die Unterschreibenden als testes bezeichnet, auch wenn sie mit consensi unterzeichnen[1]). Erzbischof Berhtwald unterschreibt c. d. 47 mit den Worten ego b. episcopus rogatus consensi et subcribsi, der Aussteller bezeichnet aber gerade die Unterschrift des Erzbischofs als die eines Zeugen: testes idoneos ut subscriberent rogavi id est berhtuualdum archiepiscopum. Ein anderes Mal, wo Erzbischof Theodor ganz in derselben Weise als einfacher Zeuge eingeführt wird[2]), unterschreibt derselbe mit blossem subscripsi. Daraus geht hervor, dass subscripsi und consensi et subscripsi gleichbedeutend sind, dass also auf das consensi gar nichts ankommt.

Auch in Urkunden, die unzweifelhaft von den Witan unterschrieben sind, werden dieselben als testes bezeichnet[3]). Dies beweist, dass zwar manchmal die Witan insgesammt unterschreiben, dass sie dann aber eben Zeugen sind und nicht Witan, und dass ihre Unterschrift nicht erfolgt, weil sie als Behörde bei der Sache activ beteiligt sind, sondern weil sie als passive Zuschauer daran teilgenommen haben[4]).

Es ergiebt sich, dass zwischen Consens und Unterschrift kein Zusammenhang besteht. Der Consens wird stets durch eine besondere Formel ausgedrückt.

In dem consensi et subscripsi spricht sich die Erinnerung an ältere Zustände aus. So lange die Angelsachsen noch in zahlreiche kleine Staaten geteilt waren, wurde der zu gewissen Handlungen des Oberhaupts erforderliche Consens des Volkes wirklich von der Gesammtheit erteilt, die Sache in Gegenwart aller Berechtigten verhandelt[5]), sie waren zugleich Zeugen und Consentirende. Einmal daran gewöhnt, in den Zeugen

---

1) C. d. 35, 52, 105, 116, 121, 132, 165 etc.
2) C. d. 27. Th. archiepiscopum nostrum ut subscriberet rogavi et alios testes similiter.
3) C. d. 121, 131, 137, 207, 218, 220 etc.
4) In den Witenagemot- und Synodalprotocollen sind die Unterschreibenden allerdings nicht Zeugen, aber auch da wird ihr Consens stets besonders erwähnt und nicht blos durch die Unterschriften ausgedrückt.
5) Vgl. Kemble, Sachsen II 162 ff.

auch Consentirende zu sehen, behandelte man sie als
solche auch noch, als längst die thatsächliche Grundlage dafür geschwunden war. Noch immer sprechen
die Zeugen aus, dass sie mit den Handlungen, die sie
bezeugen, einverstanden sind, und sie werden demgemäss
wohl auch als testes consentientes, testes et consentientes
bezeichnet[1]). Aber dieser Consens ist reine Phrase.
Die ganz undenkbare Verweigerung desselben würde
keine andere Folge haben, als dass man sich andere
Zeugen beschaffen müsste.

Dieser Scheinconsens musste an die Stelle des wirklichen Consenses der Zeugen treten, sobald die Staaten
so gross geworden waren, dass nicht mehr alle Freien
die Volksversammlung besuchen konnten. Dies geschah
noch vor der Bekehrung, also vor Einführung der Urkunden. Schon in den ältesten Urkunden ist daher das
consensi der Unterschriften bedeutungslos.

II. **Staats- und kirchenrechtliche Consense.**

Bei einer grossen Zahl von Schenkungen wird erklärt, dass sie mit Zustimmung der Witan erfolget.
Diese sind es, die in Wahrheit herrschen, und auch dieser Consens ist ein Ausfluss ihrer Gewalt. Er beruht
auf ihrem Rechte, das Vermögen des Staates zu überwachen[2]). Das Land, welches mit ihrer Erlaubniss übertragen wird, ist Volkland, d. h. Staatsdomäne, und die
Leistungen, deren Aufhebung sie bewilligen, sind solche,
die dem Staate und seinen Beamten, nicht dem Könige
zu Gute kommen.[3]) Dieses Privileg wird gewöhnlich
gleich bei der Uebertragung von Volkland erteilt, aber
es kommt doch auch vor, dass die Könige Stücke ihres
Privatbesitzes, die sie erworben haben, ohne zugleich
dafür die Befreiung von jenen Leistungen zu erhalten,
verschenken, und nun erst nachträglich von den Witan
die Befreiung ausgesprochen wird[4]) Wird dagegen berichtet, dass Privatbesitz mit Consens der Witan ver-

---

[1]) Z. B. c. d. 131 a, 170, und bes. 127.
[2]) S. Kemble, Sachsen II 192 ff. Stubbs, const. hist. 1 130 f.
[3]) Diese tributa publica werden von den servitia regalia
streng geschieden, z. B. c. d. 117, 118, 167.
[4]) C. d. 196. 227.

geben werden sei, ohne dass derselbe mit einem solchen Privileg ausgestattet wird, so beweist das Unechtheit der Urkunde[1]).

Werden die tributa publica ohne Erwähnung der Witan erlassen[2]), so ist dies dadurch zu erklären, dass dieses Privileg schon bei einer früheren Vergabung mit dem Lande verbunden worden ist. Dass etwa zufällig der Consens nicht erwähnt worden sei ist nicht denkbar. Wir haben gesehen, dass die Urkunden Beweismittel vor Gericht sind. Wie hätte man nicht mit Sorgfalt darauf achten sollen, dass auch alles in sie aufgenommen wurde, was bei einem Processe entscheidend werden musste. Die Anfechtung einer Urkunde konnte nicht so viel bedeuten, da man ja noch andere Beweismittel hatte, aber ganz anders stand es, wenn behauptet werden konnte, die Urkunde sei echt, die Schenkung aber ungesetzlich, da die Witan nicht gefragt worden seien.

Wir kommen hier auf die Frage, welche Folgen für diese Dinge die Unterwerfung eines Reiches durch ein anderes hatte. Behielt das unterworfene seine eigenen Witan, und behielten diese alle ihre Rechte, oder wem sonst kam es zu, über das Volkland des unterworfenen Staates zu verfügen?

In einigen der abhängigen Staaten ist der Titel des Oberhauptes rex, in anderen subregulus (regulus, dux), und schon dies deutet auf verschiedene Arten der Abhängigkeit hin. Als Repräsentanten der beiden Klassen dienen uns Kent und das Land der Hwiccas, und der Unterschied zeigt sich darin, dass wohl Witan des rex, aber nicht solche des subregulus nachweisbar sind, und dass dem entsprechend der subregulus mit Consens der Witan des Oberkönigs urkundet, der rex aber nicht. Uhtred, der subregulus der Hwiccas, schenkt Land und befreit es „ab omni tributo parvo vel maiore publicalium

---

[1]) Z. B. c. d. 1 und *2. C. d 1 hält Kemble für echt, aber schon die inscriptio cum salutatione beweist das Gegenteil. Diese Formel kommt sonst nur in groben Fälschungen vor, wie c. d. *163, *192, *213. und widerpricht dem Charakter der angels. Urk., die nichts weiter sind, als ein Bericht über die feierliche Vollziehung der Schenkung. — In c. d. 113, 160, 234 gehören zu der Schenkung auch Waldungen, auf welche sich der Consens beziehen muss.

[2]) C. d. 32, 69, 90, 123 etc.

rerum et a cunctis operibus vel regis vel principis"[1]), und dies geschieht „cum consensu et licentia Offani regis Merciorum simulque episcoporum et principum eius". Die Verfügung über das Staatsvermögen ist von den Witan der Hwiccas an die von Mercien übergegangen, ganz ebenso wie die Verfügung über die servitia regalia nicht mehr dem Oberhaupte der Hwiccas, sondern dem mercischen Könige zusteht.[2]) Zwar kommen principes, weltliche Grosse der Hwiccas, vor[3]), aber es giebt kein Witenagemot dieses Staates, seine Grossen sind nach der Unterwerfung in die mercische Reichsversammlung eingetreten.

Ganz anders in Kent. Hier haben wir mehrere Urkunden, in denen die Witan des Landes und ihr Consens vorkommen[4]). Die Abhängigkeit offenbart sich hier darin, dass Schenkungen sowohl aus dem Volklande als auch aus dem Privatbesitz des Königs der Genehmigung des Oberkönigs bedürfen[5]). Dieses Recht steht ihm auch bei den Hwiccas zu, hier aber nur in Bezug auf das Privatvermögen des subregulus [6])

Auf dieses Recht legte man hohen Wert. Aethelbald von Mercien schenkt in c. d. 83 seinem Gefolgsmann Aethelric, der aus dem königlichen Hause der Hwiccas stammt, ein Stück Volkland zu Eigentum, nur dass Aethelric dieses Land nicht ohne Aethelbalds Einwilligung soll weiterveräussern können.[7]) Man suchte also selbst nahe Verwandte des subregulus auf diese Art an den Oberkönig zu fesseln, denn nur in dieser Verwandtschaft kann die Veranlassung zu jener Bedingung liegen, da sie sich nirgends sonst findet. Auch

---

[1]) C. d. 117 und 118.
[2]) C. d. 167. Auch c. d. 117 und 118 wird Offas Consens eben deswegen noch besonders hervorgehoben.
[3]) C. d. 56, 131 b.
[4]) C. d. 27, 113, 114, 160.
[5]) C. d. 113, 190, 191.
[6]) C. d. 56, 105, 125.
[7]) Omnem itaque hunc agrum etc. ita nimirum praefato comiti meo A...... tradens largior, ut et ipse, quamdiu vita comite voluerit, prospere possideat, et cuicumque placuerit vel se vivente vel obeunte ... licenter omnino nobis concedentibus libens tradat.

fehlt es nicht an Nachrichten darüber, dass die Oberkönige ihr Recht mit grosser Strenge gewahrt haben. Offa hob eine Schenkung Ekberts von Kent zu erblichem Besitze auf, weil Ekbert zur Vornahme solcher Schenkungen nicht berechtigt sei.[1]) Hier ist zwar von dem Consense gar nicht die Rede, es scheint vielmehr, als habe Offa nur an der Erblichkeit des Besitzes Anstoss genommen. Bei näherer Betrachtung erweist sich aber, dass dies nicht der Fall gewesen sein kann, da das Consensrecht des Oberkönigs, wenn es sich nur auf solche Schenkungen bezog, gar keinen Wert gehabt hätte. Man konnte es mit Leichtigkeit umgehen, indem man das Land nur für gewisse Zeit übertrug, aber nach Ablauf derselben vergass, es wieder einzuziehen. Bedenkt man nun, dass die Urkunde, die den Vorfall erzählt, von einem Schreiber des durch Offas Verfahren Geschädigten, nämlich des Erzbischofs von Canterbury, geschrieben ist,[2]) so ist auch klar, weshalb die Urkunde den Sachverhalt zu verdunkeln sucht.

Offa ging aber noch weiter. Er verlangte sogar, dass die Gefolgsgenossen Ekberts von Kent keine Schenkungen ohne seine Genehmigung machen sollten. C. d. 1020 berichtet, dass er darauf sich stützend der Kathedrale von Canterbury vier Hufen entzogen habe[3]). Man kann es dem Erzbischof nicht verübeln, dass er dafür von der „Raubgier eines gewissen Königs" sprach, der „sine norma iustitiae" die Kirche ihres Eigentums beraubt habe,[4]) namentlich da Offas Verlangen wirklich unberechtigt gewesen zu sein scheint. Wenigstens fiel der Spruch der Witan gegen ihn aus,[5]) und eben deshalb

---

[1]) videlicet quasi non liceret Ecgberhto agros hereditario iure scribere, c. d. 195.

[2]) C. d. 195 ist ein Tauschvertrag zwischen dem Erzb. und seinem Capitel.

[3]) Dicens iniustum esse, quod minister eius praesumpserit terram sibi a domino distributam absque eius testimonio in alterius potestatem dare. Das zweite eius ist nicht auf Ekbert, sondern auf Offa zu beziehen, weil sonst nicht einzusehen wäre, wie Offa diese Schenkung anfechten konnte und weshalb betont wird, dass der minister das Land selbst erst von Ekbert erhalten hat.

[4]) C. d. 189

[5]) (Das Land) iusto et synodali indicio restituere huic sanctae familiae curavimus, sagt der Erzbischof in c. d. 189.

scheint er nun geltend gemacht zu haben, dass jener Gefolgsmann selbst das Land ohne oberköniglichen Consens von Ekbert erhalten habe[1]). Jedenfalls aber ist die Richtung, in der Offa seine Befugnisse auszudehnen suchte, charakteristisch für sein ganzes Verhältnis zu Kent und den ähnlich gestellten Reichen. Dieses Verhältnis ist ein rein persönliches, und hierin eben liegt der Unterschied zwischen der Abhängigkeit des rex und der des subregulus. Die Kenter sind den Merciern zur Heerfolge verpflichtet,[2]) sie zahlen vielleicht auch Tribut, aber ihre inneren Angelegenheiten besorgen sie ganz allein. Sie leben nach eigenen Gesetzen[3]), sie haben ihre eigenen Witan, die das Staatsvermögen verwalten. Nur ihr König steht noch in einem besonderen Verhältnisse, nicht zu dem Volk, sondern zu dem Könige der Mercier. Er ist diesem wohl zu besonderer Treue verpflichtet und muss ihm ein Aufsichtsrecht selbst über seine privaten Handlungen zugestehen, wodurch er beständig daran erinnert wird, dass er einen Herrn über sich hat.

Dagegen ist das Land der Hwiccas ein mercischer Gau. Hier ist von einer regierenden Versammlung, von Staatsvermögen, von königlichen Rechten des Oberhauptes nicht die Rede. Dieser Teil des mercischen Landes unterscheidet sich von den anderen fast nur dadurch, dass das Oberhaupt in seinem Titel noch die Erinnerung an eine bessere Stellung bewahrt, und dass diese Würde, wie es scheint, in derselben Art erblich ist, wie die des Königs[4]). Aber wegen dieser Rechte muss der subregulus in dasselbe persönliche Verhältnis zu dem Oberkönige treten, wie der rex. Nur kommt hier auf diese persönliche Abhängigkeit nicht so viel an, während sie bei dem rex Gelegenheit bieten konnte, auch in die inneren Angelegenheiten des Landes einzugreifen. Darum wird auch dieses Consensrecht so

---

[1]) C. d. 195, s. S. 76, N. 1.
[2]) S. z. B. Henricus Huntingd. über die Schlacht bei Burford, monum. historica Britannica I. 728 C.
[3]) S. Schmid, Gesetze der Angelsachsen, S. XXXI.
[4]) Auf Oshere folgen seine Söhne. (c. d. 36, 53, 56,) später regieren drei Brüder (c. d. 105, 117, 118, 125, 146).

energisch geltend gemacht, und selbst in den Ausdrücken, mit denen der Consens bezeichnet wird, stark betont. Dieselben sind zuweilen von der Art, dass der Oberkönig als derjenige erscheint, der die Schenkung macht. So bestätigt Coenred von Mercien eine Schenkung Suaebreds von Essex mit den Worten: ego C. rex M. hanc terram W. episcopo .... in dominio donare decrevi ..... et libenti animo propria manu crucem infixi[1]), und sein Verwandter und späterer Nachfolger Ceolred spricht in seiner Unterschrift von der „donatio quam ante donavit .. Coenraedus rex". Diese Urkunde ist sogar dem Oberkönige früher als dem eigentlichen Aussteller vorgelegt worden, denn die Reihenfolge der Unterschriften ist diese: Coenred, Ceolred, ein Bischof, ein Abt, und dann erst folgt Suaebred mit einer Anzahl nicht näher bezeichneter Personen. Sonst pflegte man die Urkunde ihm erst nach der Tradition durch den Aussteller vorzulegen, und sein Consens ist daher manchmal nur an dem Vorhandensein seiner Unterschrift zu erkennen[2]). Aber er consentirt nicht etwa durch die Unterzeichnung der Urkunde, vielmehr unterschreibt er nur als Zeuge[3]), wobei aber bisweilen die Unterschriftsformel erkennen lässt, dass der Consens erteilt worden ist[4]). Die Consenserteilung wurde jedenfalls dadurch vollzogen, dass der Oberkönig die Urkunde feierlich übergab. Er ist also wirklich bei der ganzen Sache auch äusserlich in derselben Weise beteiligt, wie der Aussteller. Daher konnte man das wahre Verhältnis umkehren, und den consentirenden Oberkönig als Aussteller, den wirklich schenkenden Unterkönig als Consentienten, oder beide als Schenker nennen. So hat nach c. d. 82 Aethelred von Mercien mit dem subregulus Osbere und auf dessen Bitten 20 Hufen geschenkt;

---

[1]) C. d. 52. In dominio donare sind dieselben Worte, die von dem Aussteller selbst gebraucht werden.
[2]) Z. B. c. d. 1012.
[3]) Dies folgt nicht nur aus dem, was oben über die Unterschriften gesagt ist, sondern auch daraus, dass bei einem analogen Consens der Unterschrift erweislich nur diese Bedeutung zukommt. S. unten. [4]) Z. B. c. d. 1012.

in c. d. 124 aber wird gesagt, dass Oshere das Land mit Aethelreds Consens schenkte[1]). Die ersten Spuren dieses Consenses finden wir eben unter diesem Aethelred, der schon mit Glück seine Nachbarn bekämpfte,[2]) und dann unter seinem Nachfolger Coenred[3]). Aethelbald von Mercien waren 731 alle Staaten südlich vom Humber „mit ihren Königen", wie Beda sagt[4]), unterthan, aber unter ihm ist keine Spur von diesem Consense zu finden[5]). Er begnügte sich mit der Heerfolge und den Tributen der Unterworfenen, wie er denn überhaupt nur ein Eroberer ist. Auch war unter ihm die mercische Herrschaft noch nicht fest begründet, sie ging 752 durch die Niederlage gegen die Westsachsen verloren. Erst durch eine ganze Reihe von Kämpfen stellte sie Offa wieder her und er führte überall das Consensrecht des Oberkönigs ein. Es zeigt sich hierin und in dem Nachdruck, mit dem er dieses Recht handhabte, ganz wie in der Begründung des Erzbistums Lichfield das bewusste Streben nach Zusammenfassung der angelsächsischen Staaten unter Merciens Führung. Offa hat definitiv die Selbstständigkeit der kleinen Staaten gebrochen, unter ihm ist wesentlich schon der Zustand eingetreten, dessen Begründung gewöhnlich erst Ekbert von Wessex zugeschrieben wird.[6]) Man kann ihm mit mehr Recht als

---

[1]) Ein anderer Fall ist c. d. 71. Auch der Consens der Witan wird so ausgedrückt, aber sehr selten. (c. d. 195, 227.) Auch konnte diese Form nur bei einzelnen Personen angewandt werden, die wirklich die Schenkung durch Uebergabe der Urkunde vollziehen konnten.
[2]) C. d. 52.
[3]) C. d. 53, 56. Die Vergleichung mit c. d. 36, wo Oshere noch als rex und ohne Consens urkundet, zeigt, dass die Unterwerfung der Hwiccas zwischen 693 und 704 erfolgt ist, auch wird Oshere später als subregulus oder quondam rex bezeichnet, c. d. 56, 82, 83, 124.
[4]) hist. eccl. V 23.
[5]) Er fehlt in c. d. 36, z. B. einer Urk., die im Original vorliegt. Facs. in den Ancient chart.
[6]) Wie sich Ekbert in Bezug auf das Consensrecht verhielt, ist bei dem Fehlen der Urkunden nicht auszumachen. Dass Wiglaf von Mercien ohne Consens urkundet, c. d. 227, 237) beweist nichts weiter, als dass E. das grosse Mercien nicht in die Stellung von Kent und Essex herabdrücken konnte oder wollte. Hat er doch

diesen als den Vereiniger der sogenannten Heptarchie betrachten, wenngleich erst Ekberts Regierung einen Abschnitt in der angelsächsischen Geschichte bildet.

Ein merkwürdiges Analogon zu diesem Consense findet sich in Kent. Dieses Land zerfiel von Anfang an in zwei Reiche[1]), die bisweilen vereinigt waren, meist aber getrennt und unter besonderen Herrschern bestanden. Zwischen diesen galt das eigentümliche Verhältnis, dass zu den Schenkungen des einen der Consens des andern erforderlich war.[2]) Die Consenserteilung erfolgte durch Uebergabe des Landbuchs, denn nur so ist es zu erklären, dass dieser Consens bisweilen dadurch ausgedrückt wird, dass der consentirende König als Zeuge unterschreibt[3]).Die Formel ist dabei zuweilen ganz einfach u. man müsste dabei an testes subrogati denken, wenn nicht andere Urkunden Aufschluss gäben über diese Unterschriften.

Auch dieses Consensrecht wurde mit Entschiedenheit festgehalten. In c. d. 85 wird berichtet, dass ein Versuch, es zu umgehen, missglückte. Es ist dies eine Schenkung Eadberhts v. Kent an den Bischof v. Rochester. In der Urkunde selbst ist von dem Consense des anderen Königs keine Spur, dafür aber hat sie einen Zusatz, worin der Bischof erklärt, er habe nicht gewusst, dass die Schenkung vom Erzbischofe und König Aethelbert von Kent bestätigt werden müsse, dann aber habe er es erfahren und die Bestätigung erbeten.[4]) Dass der Bischof wirklich so unwissend gewesen ist, wie er gern scheinen möchte, können wir ihm nicht glauben; namentlich seine Pflichten gegen den Erzbischof werden ihm sehr genau bekannt gewesen sein. Uebrigens dürfte in dieser Be-

---

auch den von ihm besiegten und vertriebenen Wiglaf wieder einzusetzen für nötig gehalten.

1) Kemble, Sachsen, I 119 f. Daher hat das Land auch zwei Bistümer von Anfang an, von denen jedes eines der beiden Reiche umfasst haben wird.

2) In c. d 114 erfolgt dieser Consens mit Zustimmung der Witan, wofür ich keinen Grund anzugeben weiss. In einem Falle gleicher Art erfolgt die Bestätigung ohne Mitwirkung der Witan, c. d. 113.

3) Dies wird in c. d. 113 ausdrücklich gesagt: + ego H. rex Cantiae testis consensi et subscripsi.

4) S. die Stelle oben S. 26, N. 3.

teiligung des Erzbischofs der Schlüssel zu dem ganzen Verhältnisse zwischen den beiden Königen zu suchen sein. Wenn wir nämlich, wie billig, von verdächtigen Urkunden absehen, so finden wir, dass zwar Aethelbert ohne Consens Eardulfs und dann Eadberhts von Kent urkundet, aber diese nicht ohne Consens Aethelberts[1]), und Aethelbert ist es, zu dessen Gebiet gerade Canterbury gehört. Dies folgt aus c. d. 85[2]) sowie aus dem Umstande, dass Eardulf und Eadberht ihre Schenkungen dem Bischof von Rochester zuwenden[3]), Aethelbert aber Klöstern, die mit Canterbury in Verbindung stehen. Es ist also nur der Landesherr des Erzbischofs, dem das Consensrecht zusteht, und da er dasselbe nur in Gemeinschaft mit dem Erzbischof ausübt[4]), so ergiebt sich, dass der Grund dieses Consenses und der sich darin documentirenden Oberherrlichkeit in dem Ansehen zu suchen ist, welches die Herrschaft über den kirchlichen Mittelpunkt von England dem Könige von Kent-Canterbury verlieh. Ueber die Enstehung dieses Rechtes is: Näheres bei der Dürftigkeit der Quellen nicht zu ermitteln. —

Es ist ein alter Grundsatz des Kirchenrechts, dass kein Bischof oder Abt ohne Genehmigung seiner Cleriker und Mönche über den Besitz des Stifts verfügen darf. Aber so alt wie dieser Grundsatz ist auch das Bestreben, ihn zu durchbrechen. Nun giebt es freilich in unseren Urkunden weit mehr Beispiele für die Erteilung dieses Consenses, als für willkürliche Vergabung von Kirchen-

---

[1]) C. d. 77, 85, 86, 96, 103.
[2]) Quod a dorovernensis ecclesiae praesuli et rege hac kartula confirmata esse debuisset.
[3]) Aus demselben Grunde ist Ekbert für einen König von Kent-Rochester zu halten, jedoch ist der Consens des anderen Königs nur in zweien seiner Urkunden nachweisbar, c. d. 113, 160. Wir müssen annehmen, dass die anderen, c. d. 132, 135, nicht vollständig erhalten sind, wofür auch das Fehlen des oberköniglichen Consenses spricht. Bei den Urkunden Aethelberts ist diese Annahme unzulässig, da c. d. 77 und 86 im Originale vorliegen. Ancient charters, Bl. 6 und 9. Von Aethelbert giebt es eine Urkunde für Liming c. d. 86, und von Eadberht eine für Canterbury, c. d. 1003. S. darüber oben S. 23 f.
[4]) Alle diese Urkunden tragen die Unterschrift desselben.

gut¹). Man muss aber bedenken, dass diese eigenmächtigen Schenkungen der Bischöfe und Aebte meist den Zweck hatten, ihre Verwandten und Freunde zu bereichern²). Es sind daher vielfach Laien, denen sie zufallen, und daraus erklärt sich, dass wir nur von so wenigen Schenkungen dieser Art wissen. Sie müssen aber sehr zahlreich gewesen sein, denn einzelne Kirchen waren dadurch in Not geraten³), und das oft erwähnte Concil von Celchyth sah sich genötigt, energisch einzuschreiten. Es wurde bestimmt⁴), dass Bischöfe, Aebte und Aebtissinnen Kirchengut nicht anders vergeben sollen, als „in dies et spatium unius hominis", und auch dies soll nur mit Erlaubnis der familia geschehen. Auch wird ausdrücklich verboten, die Landbücher zu übergeben. Es muss also sogar vorgekommen sein, dass, während nach dem Wortlaut der neuen Verleihungsurkunde die Verleihung nur auf Zeit erfolgte, sämmtliche Landbücher übergeben wurden und der Kirche damit die Möglichkeit genommen wurde, nach Ablauf der Zeit ihre Ansprüche geltend zu machen.

III. Privatrechtliche Consense.

Im Jahre 779 schenkte Offa dem Gesith Duddo vier Hufen zu erblichem Eigentume, aber mit der Einschränkung, dass er sie nur innerhalb seiner Familie veräussern dürfe.⁵) Es wird dadurch eine Art von Familienstammgut geschaffen, Ethel, wie die Angelsachsen sagten. Die Eigentümlichkeit solches Gutes ist bekanntlich, dass es nur mit Einwilligung der Familienmitglieder oder doch wenigstens der nächsten Erben der

---

¹) C. d. 104 b, 124, 143, 156, 165, 181, 182, 195, 199, 203 230, 1032. Ausnahmen sind nur c. d. 91 und 146, und wenigstens in c. d. 146 bleibt der Bischof in den Grenzen, die seiner Macht durch ein späteres Concil gesetzt werden und vielleicht schon vor diesem Concil bestanden.
²) Dies wird vom Concil von Celchyth ausgesprochen: (die Kirchengüter) iudisrupta et integra servantur ne inopie dispoliati periclitautur; sed magis unusquisque sit sui proprie contentus, illud distribuat propinquis vel alienis; cap. VII der Acten, councils III 582.
³) S. vorige Note.
⁴) A. a. O.
⁵) C. d. 137.

Familie entfremdet werden darf. Wir haben in den Urkunden noch manche Beispiele für diesen Consens,[1]) aber je mehr sich neben dem Ethel durch Verwandlung von Volkland in Buchland das unbeschränkte Privateigentum ausbildete, um so mehr musste das Recht der ganzen Familie an dem Stammgut als eine lästige Fessel empfunden werden, der man sich auf jede Weise zu entziehen suchte. Der Presbyter Werhard sah sich zwar noch im Jahre 832 veranlasst, ausdrücklich zu betonen, dass er gewisse Teile seines patrimonium, über die er verfügt, geben könne, wem er wolle[2].) Aber wenn darin einerseits eine Anerkennung der Vorschriften über das Stammgut liegt, so sieht man doch auch wieder die Befürchtung, dass bei dem Worte patrimonium an Stammgut gedacht, der Consens der Verwandten vermisst und die Schenkung deshalb angefochten werden könnte. Schenkungen dieser Art müssen daher damals schon häufig gewesen sein, und wir sehen in der That, dass solche schon viel früher unter Zustimmung nicht der Verwandten sondern der Witan vorgenommen werden. So schenkt um 770 der Abt Ceolfrith seine haereditas mit Consens Offas und seiner Witan.[3]) Dass es sich um Stammgut handelt folgt eben aus diesem Consense, der nicht durch einen Bestandteil der Schenkung veranlasst ist. Dieser Consens war jedenfalls viel leichter zu haben als der der Verwandten und war zugleich der beste Ersatz für denselben. Nicht, dass die Witan die Rechte der Erbberechtigten ausüben konnten, aber wenn sie einmal ein an sich ungesetzliches Verfahren billigten, so waren sie doch auch verpflichtet, der Durchführung desselben nicht entgegen zu treten, und grade sie waren es, die den höchsten Gerichtshof bildeten.

Vielleicht gehört es hierher, wenn sich bisweilen der Consens der Brüder[4]) oder des Sohnes des Ausstellers[5]) findet, aber wenigstens in einem Falle der

---

[1]) C. d. 35, 239.
[2]) 32 hidas de patrimonio meo quas dare possum cui volo, c. d. 230.
[3]) C. d. 127.
[4]) C. d. 53, 105, 125, 179, *187, 183.
[5]) C. d. 36, *161, *162, 239.

letzteren Art ist der Grund doch wohl ein anderer König Oshere schenkt in c. d. 36 „mit seinem Sohne Aethelheard" 15 Hufen consentiente comite Cutberhto. Da hier der Consens des zweiten Berechtigten in anderer Art ausgedrückt wird als der des ersten, Oshere auch noch mehr Söhne hat, die die Urkunde sogar unterschreiben, so dürfen wir vielleicht annehmen, dass Aethelheard von seinem Vater zum Mitregenten angenommen worden war und deshalb als Mitaussteller genannt wird. —

Rechte irgend welcher Personen an bestimmten Grundstücken konnten natürlich auf vielerlei Art entstehen, und wir sind nicht immer im Stande, Genaueres darüber festzustellen. So ist z. B. ganz unbekannt, welches Recht der eben erwähnte Cuthberht an jenen 15 Hufen hatte. Wenn dagegen der subregulus Aldred der Aethelburge ein Kloster mit Genehmigung des Bischofs Tilher schenkt, so beruht dies darauf, dass das Kloster dem Bischof gehört und nicht Aldred. Nur so erklärt es sich, dass diese Schenkung ohne Consens Offas erfolgt, und es heisst ausserdem in der Urkunde, dass Tilher das Kloster dem subregulus übergeben habe [1]) Vermutlich war dabei Aldred nicht gestattet worden, das Kloster weiterzuvergeben, daher war Tilhers Consens notwendig. Denn wenn eine Schenkung unter bestimmten Bedingungen erfolgt war, so konnte man selbstverständlich nur mit Einwilligung des Schenkers davon abgehen. Es sei gestattet, noch einen Fall der Art anzuführen. Aethelbert von Sussex schenkte Diozsan 18 manentes ad construendum monasterium.[2]) Diozsan übertrug dann das Land seiner Schwester zu unbeschränktem Eigentume, wobei aber nicht von dem Kloster, sondern nur von der terra die Rede ist.[3]) Das Kloster war offenbar nicht gebaut und man hatte auch nicht mehr die Absicht es zu bauen. Daher wird nicht nur

---

1) C. d. 146: A. et A. Ecguuinique episcopi qui hanc terram prius obtinuerunt nobisque tradiderunt. Wenn für Tilher sein berühmter Vorgänger genannt ist, so ist das ein Versehen, da Ecgwin 717 starb und die Urkunde frühestens 780 ausgestellt ist.
2) C. d. 1010 a.
3) C. d. 1010 b.

Aethelberts Einwilligung von Diozsan erbeten, sondern auch die des Bischofs von Selsey, zu dessen Sprengel das Kloster gehört haben würde und der daher auch an dem Bau desselben ein Interesse hatte.

Auf ähnlichen Verhältnissen beruht der Consens von Bischöfen auch in anderen Fällen. C. d. 124 berichtet, dass Dunna ihrer Enkelin Hrotwari 21 manentes vermacht habe mit Consens des Bischofs Ecgwin von Worcester. Aus c. d. 82 erfahren wir, dass nach alter Bestimmung das Land nach Hrotwaris Tode an das Bistum fallen sollte. Der Bischof hatte also ein Anrecht auf dieses Land und deshalb wird er bei Verfügungen darüber befragt. In c. d. 124 finden wir von dieser Bestimmung keine Spur, und ebenso wird in anderen Urkunden, in denen Bischofsconsense vorkommen, kein Grund dafür angegeben, ohne dass andere Urkunden ergänzend eintreten. So schenkt Dunwald seinen Hof in Canterbury dem dortigen Peter-Paulskloster[1]) mit Consens des Erzischofs Bregowin. Das Kloster und der Erzbischof stehen in gar keinem Zusammenhange, ebenso wenig der Erzbischof und Dunwald, soviel wir erkennen können, und es lässt sich nicht einmal vermuten, in welcher Art der Erzbischof bei dieser Angelegenheit beteiligt ist.

All die Verhältnisse zu erörtern, auf denen der Consens eines Dritten vielleicht beruht, oder gar über die Möglichkeit oder Unmöglichkeit der zahlreichen in Fälschungen vorkommenden Consense zu sprechen, ist überflüssig, da für die Kritik und das Verständnis der Urkunden nichts dabei zu gewinnen ist.

IV. Consens des Pabstes.

Der Consens des Pabstes erfordert gesonderte Erörterung, weil es sich dabei nicht wie in den bisher besprochenen Fällen um ein Consensrecht handelt. Der Pabst übt auf die angelsächsische Kirche einen grossen Einfluss aus, er veranlasst durch Briefe[2]) oder durch Legaten[3]) die wichtigsten Beschlüsse. An ihn wenden

---

[1]) C. d. 109.
[2]) C. d. 1024.
[3]) Haddan und Stubbs, councils III 443 ff.

sich die Könige wegen kirchlicher Einrichtungen[1]), und
das ganze Volk sieht mit Verehrung auf den Nachfolger
Petri[2]). Aber seine Einmischung in nichtkirchliche Verhältnisse wiesen die Könige mit Entschiedenheit ab.
Coenwulf betrachtete es als Majestätsbeleidigung, als
Rethun die Fürsprache des Pabstes anrief, und bei einem
Zwiste mit dem Erzbischof Wulfred erklärte derselbe
Coenwulf, er kümmere sich weder um den Herrn Pabst
noch um den Kaiser[3]). Zwar kommt es vor, dass die
Päbste Kirchen und Klöstern Privilegien erteilen, aber
dieselben beziehen sich immer auf kirchliche Angelegenheiten, wie freie Abtswahl etc. und ausserdem wird
immer die Bestätigung der Könige und der Witan erbeten[4]). Dass umgekehrt die Könige zu einer Güter-
schenkung, die mit der kirchlichen Ordnung doch nichts
zu thun hat, Consens des Pabstes erbeten haben, ist
daher sehr unwahrscheinlich. Der Consens des Pabstes
findet sich auch nur in groben Fälschungen[5]), und ich
stehe daher nicht an, zu behaupten, dass das Vorkommen
dieses Consenses ein Verdachtsgrund ist.

Es erübrigt, die für die Bezeichnung des Consenses
üblichen Ausdrücke zusammenzustellen. Bei weitem
am häufigsten wird cum consensu bezw. consentire an-
gewendet[6]). Alle anderen Ausdrücke sind so selten,
dass man sie als Versuche einiger Schreiber betrachten
muss, etwas Abwechslung zu schaffen. Bald wird zu

---

1) C. d. 185.
2) S. Kemble, Sachsen II, 319 ff. Lingard, A.—S. church I
113 ff.
3) C. d. 220 p. 281.
4) Bedae hist. eccl. IV 18, vitae abb. Wirlm. § 6 und 15,
(opp. historica ed. Stevenson), Faricii vita Aldhelmi Cap. 2 (opp.
Aldhelmi ed. Giles, p. 362 f) c. d. *990. Die Legatensynode von
787 bestätigt alle vom Pabste den Kirchen erteilten Privilegien,
councils III 451 (Cap. VIII der Beschlüsse). Das Flor. Wigorn.
ad. a. 708 (monum. hist. Brit.) ein päbstliches Privileg, aber nicht
den Consens der Witan erwähnt, kann nicht ins Gewicht fallen.
Eine andere Ausnahme, councils III 276, ist verdächtig.
5) C d. *197, *1017.
6) C. d. 27, 35, 56, 71, 83, 133 etc.

consensus ein anderes Wort hinzugefügt, bald ein gleichbedeutendes dafür eingesetzt. So entstehen Formeln, wie cum licentia[1]), cum conscientia et licentia[2]), cum consensu et licentia[3]) und viele andere der Art.
Bisweilen findet sich cum consilio,[4]) und es könnte fraglich erscheinen, ob damit wirklich Consens gemeint ist. Jedoch kann es nur so verstanden werden, wenn von dem consilium der Witan die Rede ist; oder was soll es bedeuten wenn der Erzbischof unanimo concilio totius synodi den Klöstern untersagt, Laienäbte zu wählen[5],) oder wenn Offa einen Process cum omni consilio concilii entscheidet?[6]) Es ist daher wahrscheinlich, dass auch mit dem concilium einzelner Personen[7]) Corsens gemeint ist. Concilium ist ein Rat, aber ein solcher, dem derjenige, dem er erteilt wird, folgen muss und ohne den er nicht handeln darf.

§ 6. Zur Ausfertigung der Urkunden.

Von den mancherlei Momenten, die unter diese Rubrik fallen, werden die meisten besser bei einer Besprechung der einzelnen Formeln behandelt; so z. B. die Versetzung der Comminatio und einzelner Teile der Dispositio ganz an den Schluss der Urkunde. Hier kommt nur zweierlei zur Erörterung, und zwar:
1. die mehrfache Ausfertigung von Urkunden. Diese war bei allen Gerichtsurkunden üblich. Bei Vergleichen verstand es sich von selbst, dass jede Partei ein Exemplar der Urkunde erhielt, und in einem Falle wird die doppelte Ausfertigung sogar ausdrücklich bezeugt[8]).
Was die Urteile angeht, so bestimmte, wie schon

---

[1]) C. d. 52, 124, 146, 190.
[2]) C. d. 124, 165.
[3]) C. d. 117, 118, 125, 227, 231, 1015.
[4]) C. d. 43, 47, 71, 164, 1021.
[5]) C. d. 1024.
[6]) C. d. 164.
[7]) C. d. 71.
[8]) C. d. 240, s. oben S. 49.

erwähnt¹), das Concil von Celchyth, dass jeder Bischof eine Ausfertigung von Urteilen in Sachen eines Angegehörigen seiner Diöcese erhalten solle. Es scheint, dass auch der vorsitzende Erzbischof sich wenigstens eine Notiz machen musste, denn es wird weiter bestimmt: (Das Urteil) semper maneat firma atque inmobilis in conscientia illius Archiepiscopis (jenes der den Vorsitz führt) et istius Episcopi cuius sit diocesium²).

Der Grund dieses Beschlusses war zunächst das Bestreben, eine falsa machinatio der unterliegenden Partei zu verhindern. Dazu kam, dass die Laien, namentlich die geringeren Leute, kaum in der Lage waren, ihre Urkunden genügend aufzubewahren und wohl oft durch den Verlust derselben in Bedrängnis gerieten. Hilfe in diesen Dingen konnte nur von der Geistlichkeit ausgehen und ist jedenfalls auch schon vor dem Concil von ihr gewährt worden. Dieses erhob nur zum Gesetz für Alle, was bisher freiwillig von Einzelnen geübt worden war.

Auch sonst suchten die Laien sich durch mehrfache Ausfertigung der Urkunden zu sichern, wie z. B. c. d. 186 zeigt. Da Aethelric voraussah, dass die Bestimmungen, die er für den Fall seines Todes traf, nicht ohne Anfechtung bleiben würden und die Urkunde daher sehr wichtig war, so liess er nicht weniger als drei Copien derselben anfertigen, von denen er eine dem Bischof von Lichfield, die anderen zweien seiner eigenen Verwandten übergab³). Als es 20 Jahre später in der That zu einem Process kommt, kann denn auch eine von diesen Urkunden producirt werden⁴). Dieselbe vermag jedoch nicht die Sache zu entscheiden, und da trotzdem von den anderen Exemplaren nicht die Rede

---

¹) Oben S. 30.
²) Councils III 583.
³) Si aliter fiat, ut non opto, aliquis homo contendat contra libros meos vel haereditatem indigne, tunc habet A. episcopus in Liccetfelda istius cartulae comparem et amici et neccessarii mei et fidelissimi alias, id est Eadberht Eadgaring et Aedhelbeah Esning, ad confirmationem huius rei. Aehnlich c. d. 238.
⁴) C. D. 218.

ist, so müssen wir annehmen, dass sie nicht mehr vorhanden waren —

2. Zur Uebertragung von Land genügte die Weitergabe derjenigen Urkunde, durch die der erste Besitzer das Land erworben hatte, des Urbuchs, doch war es dem Tradenten nicht benommen, eine neue Urkunde auszustellen[1]). Wird der letztere Weg beliebt, so wird das Neubuch auf dasselbe Blatt geschrieben, auf dem das Urbuch steht. Dies war, da das Urbuch auch übergeben werden muss, bequem, und bei der Kostbarkeit des Pergaments zugleich vorteilhaft. Eine Anzahl von Urkunden liegt uns noch in dieser Form vor[2]), und dass dieses Verfahren durchaus das gewöhnliche war, ergiebt sich daraus, dass Erzbischof Wulfred und sein Capitel eine Abweichung davon eigens entschuldigen zu müssen glaubten: si quis interrogat quare primitivis cyrographiis incisae noluerunt, scito quod in eis multorum agrorum numeri congregentur[3]). In Fällen dieser Art kann natürlich das Urbuch nicht übergeben werden, ein Uebelstand, dem man wohl dadurch abzuhelfen sucht, dass man die Namen der betreffenden Ländereien in dem Urbuche ausradirt[4]). Der lange Process, von dem c. d. 104 berichtet, war nur dadurch entstanden, dass man dies unterlassen hatte.

Bisweilen können wir noch erkennen, dass die Originale von nur getrennt erhaltenen Urkunden auf demselben Blatte gestanden haben. C. d. 1041 ist eine Erweiterung der in c. d. 1042 ausgesprochenen Schenkung, und das erwähnte Verhältnis der beiden Urkunden ergiebt sich daraus, dass in c. d. 1041 kein Empfänger genannt ist.[5])

Manche Urkunden verraten ihre Zusammengehörigkeit mit einer anderen dadurch, dass sie mit einer ver-

---

[1] Das Nähere bei Brunner I 169 ff.
[2] C. d. 104, 116, 131, 175, 179, 1010 etc.
[3] C. d. 1032.
[4] episcopus hoc idem consensit hac conditione ut illorum praedictorum agellorum nomina de antiquis privilegiis . . . eradati fuerint iterumque in posterum non sunt prolati, c. d. 220.
[5] Ein anderes Beispiel sind c. d. 171 und 125.

bindenden Partikel beginnen. So beginnt c. d 215: ego etiam C. etc. und an einer anderen Stelle wird auf die andere Urkunde noch einmal hingewiesen durch die Worte: liberabo quoque terram istam sub testimonio illorum quorum nomina praescripta liquescunt. Es fällt bei dieser wie überhaupt bei den Zusatzurkunden auf, dass sie sich grosser Kürze befleissigen und Formeln ohne Bedeutung, wie die Arenga, weglassen. Der Grund ist im Mangel an Raum zu suchen. Danach dürfen wir vielleicht einige Urkunden in sehr knapper Form, die als selbstständige Diplome erscheinen, als Zusatzurkunden betrachten, wie z B. c. d. 1005, 1025, 1029 etc.

Der Brauch erklärt sich vornehmlich aus dem Wunsche, Verfügungen über dieselbe Sache neben einander zu haben. Auch Bestätigungen werden daher der zu bestätigenden Urkunde angehängt und bestehen nur aus einem kurzen Vermerk.[1])

Wir haben hier einen weiteren Beweis für das Fehlen der Kanzlei. Wenn königliche Notare einen solchen Zusatz zu einer Urkunde schreiben sollten, so musste dieselbe der Kanzlei wenn auch nur für kurze Zeit überlassen werden, und es ist durchaus unwahrscheinlich, dass man sich dazu verstanden habe. Die so wichtigen Pergamente setzte man gewiss nicht ohne zwingenden Grund der Gefahr aus, beschädigt zu werden oder gar gänzlich verloren zu gehen. Ein zwingender Grund ist aber jene rechtlich gleichgiltige Gewohnheit nicht. Wenn alle andern Beweise fehlten, müsste man doch für diese Bestätigungen Abfassung durch Private annehmen.

---

[1]) Schon Kemble hat fast sämmtliche Bestätigungsurkunden als unecht erkannt, es sind c. d *16, *73, *81, 87, *93, 151, *163, *192, *222, *1017. Bei c. d. 87 scheint man schon früh daran Anstoss genommen zu haben, denn es giebt eine andere Bestätigung desselben Privilegs durch denselben König, bei der auf die bestätigte Urkunde ausdrücklich hingewiesen wird: hoc privilegium praescriptum ex altera parte ...... roboratum est atque firmatum etc., councils III 300

Thesen.

1. Die Urkunde Kemble cod. dipl. aevi saxon. Nr. 104a beruht auf einer Vorlage, welche historisch und diplomatisch echt, juristisch aber unecht ist.

2. Als der wahre Vereiniger der angelsächsischen Staaten ist nicht Ekbert von Wessex, sondern Offa von Mercien zu betrachten.

Vita.

Der Vf., *Julius Aronius*, jüdischen Glaubens, ist am 17. 2. 1861 zu Rastenburg geboren. Den ersten Unterricht erhielt er auf der Steinertschen Schule zu Berlin. Nachdem er dann seit seinem neunten Jahre das Gymnasium zum grauen Kloster besucht hatte, bezog er im October 1878 die Universität Berlin und studirte dort 8 Semester Geschichte, Geographie und Philologie. Er hörte die Vorlesungen der Herren:

Bastian, Bresslau, Droysen, Kiepert, Nitzsch, Paulsen, Scherer, Schmoller, Tobler, Wattenbach, Zeller,

und beteiligte sich an den Uebungen der Herren:

Bresslau, Droysen, Ebbinghaus, Koser, Müllenhoff, Nitzsch, Roediger, Scherer.

Ihnen Allen fühlt er sich zu warmem Danke verpflichtet.